いろいろあるコミュニケーションの社会学

Ver.3

編著 有田亘
松井広志

北樹出版

各章対応MAP

❶から❸❹までの数字は
各章に対応しています。

初版はしがき

　社会学をはじめて履修することになる学生には、**社会科**と同じような科目と思っている人がいます。なかには、それゆえに自分と縁遠いものと思って、やる気が失せている人もいるかもしれません。しかし、社会学が扱う領域は、地理・歴史・公民といった狭い意味の社会だけではありません。

　友だちと LINE をする、家族と会話する、オシャレをする、ゲームやアイドルにはまる、バイトや部活動に励む、イタズラや悪さをする、恋愛する…こうした「**いろいろ**」な「**コミュニケーション**」が私たちの身近な日常生活のなかに広がっているはずです。それらは「いろいろ」ゆえに一見すると互いに無関係なように思えるかもしれません。しかしそこには必ず**社会**として共通のしくみが働いています。そのしくみを解き明かすのが、（難しく言うと、「対象の学ではなく、方法の学としての」）社会学なのです。

　このような問題意識のもと、社会に「**いろいろあるコミュニケーション**」の具体例を提示しつつ、社会学的な考え方の基礎を学ぶための教科書を作りました。そのため本書では、具体的な使用場面を想定して、以下の構成をとりました。

　表紙、および目次後の見開きに掲載したのは、各章をイラスト化した**マップ**です。この街には、各章のテーマ・内容に沿った行為をしている人たちがおり、すべての章を一枚絵で示した（文字通り）「本書の縮図」になっています。

　第Ⅰ部・レクチャー編は、講義での使用を想定したパートです。大学や専門学校の 1、2 年生を主な読者と考え、多様な事例から「社会」や「社会学」への具体的イメージを形成させることを目指しました。合わせて、各章末に、SNSでの「つぶやき」風の**授業コメント**を入れています。講義授業内で課されるミニレポートにどんな意見を書けばよいのか、あるいは同じ授業でもこんな受け取り方があるのかといった観点から気軽に読んでもらえればと思います。

　第Ⅱ部・実践編は、アクティブラーニングやフィールドワークへの応用を想定したパートです。ここでは、社会学の勉強のための「作法」を伝えることを意

図しました。また、各章末には、**課題**のコーナーを設けました。どのような実践的な課題が出され、どのくらいの成果物を提出するのが求められているのか。それを読者の学生たちにわかりやすく例示することを目指しました。学期末のレポート課題などで活用して頂ければと思います。

　第Ⅲ部・卒論サムネイルでは、その名の通り、筆者らが指導してきた実際の卒業論文の、目で見てわかりやすいイメージを提供します。第Ⅰ部の講義で学ぶ知識や、第Ⅱ部のような実践課題が、大学での学びの最終成果物である卒論にどのように具体化されているかを感じとってもらえることでしょう。

　本書は、「入口＝趣味や娯楽」だが「出口＝社会学」である教科書になることを何よりも重視しました。これは、社会学の全貌を網羅することよりも（それはもとより不可能であるので）、読者である学生にとっての**親しみやすさ**を優先したからです。しかし同時に、しばしば相容れないと考えられがちな「**遊び**」と「**学び**」をつなげるような教育のあり方を目指しているからでもあります。専門性にこだわるあまり冗長になることは避け、基礎的な日本語読解力があれば**前提知識がなくても通読できる**ことを心がけました。そのため、平易な記述の短い章を多数配置する体裁をとりました。

　なお、タイトルに「社会学」とありますが、執筆者は社会学者に限りませんでした。むしろ、本書のテーマの「コミュニケーション」に関係があり、学生たちに身近なテーマの書き手として、デザイン論や法律の専門家にも参加してもらいました。また、編集をご担当頂いた北樹出版の福田千晶さんには、最後まで丁寧かつ迅速なお仕事をして頂きました。こうした「いろいろ」な方々によって、本書は成り立っています。

　さて、長々と書いてしまいましたが、これ以上になると本書の魅力を削いでしまうことにもなりかねません。前置きはこれくらいにして、『**いろいろあるコミュニケーションの社会学**』の世界に入っていきましょう。

編　　者

Contents

第Ⅲ部　卒論サムネイル

第Ⅰ部 ::: レクチャー編

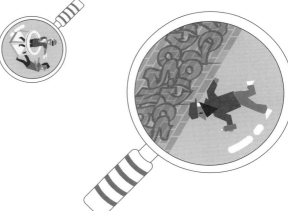

いろいろあるメディア、
　いろいろあるコミュニケーション

 ## 1. コミュニケーションとメディア

　友だちに LINE をする、家族と話す、バイト先の店長に電話する、しばらく会っていない知人に手紙を出すなど、いろいろな**コミュニケーション**を、みなさんは毎日行っていると思います。こうしたコミュニケーションは、いろいろな**メディア**を通して成立しています。直接的な声、LINE、電話や手紙など、「コミュニケーションを媒介するもの」がメディアです。本書のはじめであるこの章では、コミュニケーションとメディアとの基本的な関係を確認していきます。

　まず、思考実験として原始時代のような大昔を考えてみます。人間は目の前にいる相手と、「身振り」や「声」でコミュニケーションを行ってきました。これらは、身体の器官を直接使った原初的なメディアです。その後人類は、対面的状況を超えたコミュニケーションを、印刷・音声・映像などのメディアを少しずつ発展させることで行ってきました。「文字」を発明し、それを「石版」に刻むことで長い年月を経て子孫に記録を残せるようになりました。また「紙」というメディアに書く、さらには印刷することで、はるか遠くの国や地域にまで情報を伝達することが可能になりました。文字や石版、紙は、映像などに比べれば古いメディアですが、現在の社会でも広く用いられています（たとえば石版も、学校の正門や家の玄関にある表札などで使われています）。

　このように、古いメディアは消えてしまうのではなく、その上に新しいメディアが重なりつつ、現在のコミュニケーション状況を作っているわけです。

 ## 2.「メディアはメッセージ」

それでは、コミュニケーションをいろいろなメディアとのかかわりからとらえ

るためには、どういった考え方がヒントになるでしょうか。ここで紹介したい
のが、マーシャル・マクルーハンによる「**メディアはメッセージ**」(The medium is
the message) という言葉です (M.マクルーハン 1964 = 1987、『メディア論』みすず書房)。

　原文では medium とありますが、これは media の単数形です。英語は単数
と複数を使い分けますが、日本語はそうではない (日常語では、どちらでも「メディ
ア」と呼ぶ) ので、単複の差を明確にして訳せば「個々のメディア (メディウム)
は、それぞれ特定のメッセージである」となります。

　もう少し噛み砕くと、「情報内容より先に (根底的に) メディアの特性そのもの
が、ある種のメッセージとなっている」ということです。すなわち、何"**を**"
伝えるか =「情報内容」(通常の意味でのメッセージ) だけでなく、何"**で**"**伝えるか**
=「メディア」自体も、ある種のメッセージになる。このことをマクルーハン
は「メディアはメッセージ」という言葉で示したのです [》第18章]。

　とはいえ、こうした抽象的な説明ではまだわかりにくいと思いますので、次
節では具体例をあげて、メディアによるコミュニケーションの違いについて説
明したいと思います。

▒ 3.「告白する」時のメディアによる違い

　ここでは、「好きな人に愛を告白する」場合を考えてみましょう。恋愛とい
うコミュニケーションそのものは他の章で扱われますが [》第11章]、本章で
はあくまで「メディアによる違い」という視点にかぎって、「告白する」こと
を例に考えていきます。

　たとえば誰か好きな人ができて、「あなたが好きです。つき合ってください」
と伝えたいとします。その場合、いくつかの手段が考えられます。まず、「直
接口頭で言う」パターンがあると思います。これは、ある程度昔からあったで
しょうし、今でもオーソドックスな告白のしかたです。

　また、「ラブレターを書く」方法もありますね。それを「便箋に直筆で」と
なると、今ではかなり"古風"に見えるでしょう。ただ、中学や高校の国語 (古
文) や歴史 (日本史) の授業を思い出してもらえればわかるように、たとえば平安

時代では、恋文を書いて愛を伝えるのがふつうで、場合によっては結婚するまで顔を見たことがないこともあったようです。同じラブレターでも、今ではEメールで送ることも考えられます。

　さらに、LINEなどのメッセージアプリを使って、より手軽に告白することができます。たとえばLINEでは、文字では難しい感情の機微をスタンプで表現することが可能になるなど、単なる文字メディア以上の特徴をもっています[》第3章]。実際、（厳密なランダムサンプリングの調査ではないものの）2017年の神戸市の調査では、「ネットで告白」されるのが「絶対イヤ」「相手によっては良い」「良い」の3択で、「良い」と答えた人は、成人女性4.5％に対して、中学女子22.9％でした。さらに、「相手によっては良い」を含むと60.0％が肯定的な回答をしています。この背景には、LINEに「伝えやすい」や「素直になれる」特徴があると指摘されています（竹内和雄「ネットでの告白 中学女子60％がOK？ 神戸市の中学生が独自に調査」Yahoo!ニュース2017年8月26日）。

　このように、告白する場合を考えても、いろいろなメディアを使用することができます。同じセリフでも、それが口頭なのか手紙なのかLINEかによって、結果が変わってくるかもしれません。こうした例からは、新聞や映画[》第17章]、テレビ[》第15章]といったマスコミュニケーションだけでなく、日常的なコミュニケーションを考える際にも、**メディア特性**の違いが重要なことがわかります。

▒▒▒ 4. いろいろなメディアによる豊かなコミュニケーションへ

　これまで、媒介のしかた（メディアの特性）自体がコミュニケーションにおいて重要であると確認してきました。ただ、ここで忘れてはならないのは、メディアはコミュニケーションにおいて固定的な役割を果たすのではなく、その特徴は時代・地域・集団などによって、いろいろだということです。こうしたいろいろな「メディアとコミュニケーションとの関係」を知ることで、適切な「メディアの使い分け」、さらには柔軟な発想による「あらたなメディアの使い方」をすることができるのです。

たとえば、親密な他者とのコミュニケーションにかぎっても、「告白する」「お礼をする」「祝う」「約束する」「謝る」などのいろいろな場面で、それぞれ適切なメディアを選択することにつながります。また、「勉強する」ことも一種のコミュニケーションなので、いろいろなメディアを使うことができます［》第2章］。

　さらに言うと、そうした適切なメディア選択ができることで、常識を疑うための斬新な使い方も可能になるのです。それは、「ここではふつうAというメディアを使うだろうけど、それをあえてBというメディアでやってみる」ことによる「**ズラし**」のおもしろさです。「ズラし」は理解を間違うと犯罪になることもありますが［》第33章］、この発想を突き詰めると「アート」に至ることもできます［》第9章］。日常生活や勉強の場面でも「ふだんと違ったメディアによるズラし」は、より豊かなコミュニケーションを生むきっかけになるでしょう［》第25、28、29章］。

（松井　広志）

h 授業コメント 　💬 　♡

A：メディアの使い分けということでは、最近バイト先で大きな失敗をして、店長に謝らなきゃいけなくなったんだけど、その時先輩から「口頭やメールではなく、直筆の手紙で書くべき」というアドバイスを受けた。実際にそうしたら店長も許してくれたけど、よく考えるとこれも授業で聞いた「メディア特性の違い」なのかな？

　　B：うんうん。「直筆の手紙」ってところがポイントだね。怒っている相手に口頭ではうまく言えないかもしれないし、メールだと「軽い」感じがする…。紙に直筆だと、しっかり文章を推敲できるし、もらった時にメールより「重い」感じがするから、その場合は一番いい「メディアの選択」だったと思うよ。

C：最後の「ふだんと違ったメディアによるズラし」ってのは、なるほどと思いました。自分はイラストを描くんですが、手書きのをデジタルに取り込んで加工してみたりするだけで、なんか独特な面白さが出ることがある。

　　D：その話だと、スマホアプリの「SNOW」もあるかな。スタンプで顔を盛ったり、ほかの顔と交換したのを友だちに見せると、ふつうの写真の時とは違ったコミュニケーションが生まれていると思う。

勉強のしかたも コミュニケーション

 1. マンガで勉強する

　私たちはマンガで**勉強**することが当たり前になった現代社会に暮らしています。マンガで解説してある入門書が多く出版されていますし、学校の教科書にも普通にマンガが使われるようになっています。文字ばかりではなく絵で伝えるのはイメージしやすくてわかりやすい良い方法なのかもしれません。

　とはいえ、こういう考え方は、数十年も時代を遡ればまったく当たり前ではなくなります。マンガと言えば、勉強とは正反対の**遊び**に属するものであったはずだからです。その意味で象徴的なのは、1980 年頃『アルプスの少女ハイジ』に対して起こったバッシングです。今では名作児童文学のアニメ化として高い評価を受けている作品ですが、放映当時は、「子どもの読書離れを助長する」と新聞各紙から何度か批判されていました。その理由というのが、子どもたちが文章を読んで、作品の世界を自分の力で味わってこその名作文学だからだ、というものでした。もとから絵になっている「テレビまんが」では、子どもたちが想像力を働かせる余地が奪われてしまう、というわけです。

　このように読書という国語の勉強にはマンガはふさわしくない、という考え方がつい最近まであったわけですが、それを見て、昔の人は頭が固くてバカだな、とは考えない方がいいかもしれません。それはいつの世にも新しいコミュニケーションの手段が現れるたびに、人々がくり返してきたことの一つにすぎないからです。

 2. 本を読んで勉強する

　むしろここで注意して考えてみたいのは、マンガをバカにしている人も、好

きなマンガにケチをつけられた気がしてイラッときた人も、勉強とは本を読んでするものだ、という点を疑ったりはしていないところです。しかし数百年単位で歴史を遡れば、マンガが勉強にふさわしくないかどうか以前に、「**読書は勉強にふさわしくない**」という、より強烈な考え方に行き当たることになります。

　今から150年以上前、19世紀を代表する偉大な哲学者の一人、アルトゥル・ショウペンハウエルが書いたエッセイにはこう記されています。

　　「読書とは他人にものを考えてもらうことである。」「一日を多読に費やす勤
　　勉な人聞はしだいに自分でものを考える力を失っていく。」（ショウペンハウエル
　　1851＝1960『読書について他二篇』岩波文庫）

　つまり、本を読むな、自分で考えろ、というわけです。マンガは子どもたちから想像力を奪う、という『ハイジ』批判と似たような考え方をそこに見出すことができます。たしかに他人に代わって想像してもらうのと同じマンガがダメなら、他人にものを考えてもらうのと変わらない読書もよくない、ということになるはずです。おもしろいのは、皮肉にもショウペンハウエルがそういう内容の本を書き、人々に読ませようとしたことですが。

　しかしそれ以上に皮肉なのは、ショウペンハウエルが本を「読む」のは勉強にふさわしくないと考えているにもかかわらず、本を「書く」のはよいと考えているらしいところです。自分で考えたことを文字で書き記す。勉強とはそういうものだ、ということには何の疑いももたれてはいません。

■■■ 3. 文字を書いて勉強する

　さらに数千年単位で歴史を遡ると、読書が勉強にふさわしくないとかどうこう言う前に、**文字**は勉強にふさわしくない、というより極端に徹底した考え方に行き当たることになります。今から2400年ほど前、古代ギリシア時代の哲人ソクラテスは弟子のパイドロスにこう教えた、と本に書かれています。

　　「人々が文字というものを学ぶと、記憶力の訓練がなおざりにされるため、その人たちの魂の中には、忘れっぽい性質が植えつけられることだろう。」「自分
　　で自分の力によって内から思い出すことをしないようになるからである。」（プラ

トン 1967『パイドロス』岩波文庫)

　ソクラテスも含めて当時の人々は、知識の勉強は口伝えが当たり前でした。そのため、文字なんてものの力を借りないと学んだことを思い出せないのでは、知識が真に自分の頭のなかに入っていないのと同じだ、と考えていたわけです。だから実際、ソクラテスは生涯にわたって1冊の本も書き残しませんでした。

　でも『パイドロス』という「本」が今日に残っているのはどういうわけかというと、一番弟子のプラトンが、ソクラテスの死後、生前師匠が語った言葉を全部書物に書き留めてしまったからです。これは先生の教えを理解していなかったからではなくて、プラトンなりに自分の力で考えて、ソクラテスを批判的に受け継ごうとしたことの必然的結果です。

　ソクラテスやプラトンが生きたのはちょうど、文字という新しい知識の伝達手段が生まれて、それを受け入れるかどうかのせめぎあいが起こっていた時代でした。だからこそソクラテスは、勉強は口伝えでないといけないなんて、文字が存在しない世のなかなら当然すぎて言う必要もないことをわざわざ弟子たちに口で伝えていたのですし、プラトンはその上であえて師匠に反して、口伝えで覚えるよりも文字で書き記す方が便利だと、「自分で考える」ことの意味を大きく変化させる道を選択したのです。その後西洋文明は文字で知識を伝達する社会を進歩させました。勉強するのに文字を書くのは当たり前だ、文字を使わずに考えるなんておかしい、と私たちが何気なく思ってしまえるような現代日本社会の価値観は、その延長上に形作られています。

⬛⬛ 4. 勉強というコミュニケーションのしかた

　ただそれが本当に進歩かどうかは、はっきりとは言えません。メディア論学者のウォルター・オングなどが指摘するように、実際の文明社会の歴史は「**文字の文化**」として展開しましたが、口伝えの知識によって作られる「**声の文化**」が花咲く現代文明もありえなかったわけではないからです（オング 1982=1991『声の文化と文字の文化』藤原書店）[»» 第 1, 14 章]。

　そんなことを空想させるシーンをたまたま森薫のマンガ、『乙嫁語り』のな

図 2-1　『乙嫁語り 4』（森薫　発行 KADOKAWA, レーベル：ハルタコミックス）

かに見つけました。20 世紀、中央アジアを訪れた西洋の人類学者が、現地の女の子たちにバカにされています。「忘れないように文字で記す」という西洋文明の文字の文化がどうしても理解してもらえません。彼女たちの文化は「忘れないように声に出して覚える」声の文化なのですから。

　とはいえ、こうして見てくると、勉強のしかたもそれ自体コミュニケーションの一種なのだ、ということを理解してもらえたのではないかと思います。「どんなしかたが勉強にふさわしいか？」をめぐってなされた人々のコミュニケーションを通して、人間の心理について柔軟に考えるきっかけにしてもらえたら幸いです。

（有田　亘）

h 授業コメント　💬　♡

A： マンガでも勉強できる・してよいと思います！

B： 口に出すより文字を使って憶える方が便利！

C： それぞれが自分に合った勉強法でいけばよいと思います。

D： そういう話じゃなかったんでは…？　むしろ、勉強はこうやるものだって決めてかかっている人ほど、勉強のできないコミュニケーション下手だったりするから要注意！

スマホを使い続ける私たち

 1. 生活に必要不可欠なスマホ

　みなさんはスマートフォン（以下、スマホ）を手放せない生活を送っているのではないでしょうか。友だちとの旅行先でインスタ、夜寝る前に TikTok、起きたらゲームの通知は 100 件以上、といったように、スマホを「常にチェックしないと気になる」人も多いと思います。友だちと、恋人と、家族とスマホを用いたやりとりは、すでに生活の一部に組み込まれているはずです。2018 年 12 月の時点で、LINE の日本国内での月間アクティブユーザーは約 8000 万人と推測されています（LINE 2019）。LINE は日本におけるスマホユーザーの大多数が用いているアプリということができるでしょう。

　では、どうしてわたしたちはスマホ依存ともいえるような「気になる」状態をつくりだしてしまっているのでしょうか。本章では日常生活では欠かせないスマホの利用について、「若者（10 代、20 代）がとりもつ友だちとの関係」と「アプリのアーキテクチャ」という 2 つの視点から説明します。

 2. 友だちとの「優しい関係」

　まず、若者がとりもつ友だちとの関係から SNS でのやりとりについて考えていきましょう。現在の若者は、人間関係に満足しているといわれています（土井隆義 2019『「宿命」を生きる若者たち』岩波書店）。一方、伝統的な社会において、人々の日常は地縁や血縁のなかに「埋め込まれて」いました（ギデンズ 1991 = 2005『モダニティと自己アイデンティティ』ハーベスト社）。こうした社会は、人間関係が濃密で、つきあいや行動の自由が制限されていたのです。しかし、高度経済成長を達成した 1980 年代以降、共同体の成立基盤が弱体化し、固定的で濃密

な人間関係からの「脱埋め込み」が進行してきました。このころから、つきあいたくない人とはさほど関わらなくても生活できるようになっていきます。

　同時期、学校においても画一的な知識の伝達ではなく、「生きる力」や「個性の重視」が叫ばれるようになっていきました。学校生活のなかでも勉強重視ではなく、「心の教育」が重要視されるようになります。こうしたなかで、友だちとの関係が崩れないように気をつかう必要が生じてきたのです。互いを高度に配慮しあう人間関係を「**優しい関係**」と呼びます（土井隆義 2004『「個性」を煽られる子どもたち』岩波書店）［ギデンズの「純粋な関係性」については ≫≫第 11 章］。

　ならびに、若者の現在志向（コンサマトリー化）が強まります。現在志向とは、今を大事に生きる志向のことを指しますが、こうした考えをもつと、将来のための勉強や訓練よりも、現在を楽しむための人間関係を重要視するようにもなります。とりわけ学校は、多くの若者にとって友人関係を築く場所になっており（辻泉 2016「友人関係の変容」藤村正之・浅野智彦・羽渕一代編『現代若者の幸福』恒星社厚生閣）、そこでのコミュニケーションにおいて「優しい関係」が維持されているのです。

　こうして仲良しの友だちと楽しく生きることができていれば、「よい学校生活」といえるのですが、みながみな、そのように生活できるわけではありません。気の合わない相手と無理につきあうことはなくなりましたが、一方で、常に関係を維持するために気をつかう必要が生じるからです。友だちに気をつかいあう関係は、教室内での固定的な仲良しグループに繋がっていると考えられるでしょう。このグループは、「**スクールカースト**」と呼ばれる上下関係としても認識されてもいます（鈴木翔 2012『教室内カースト』光文社）。みなさんも聞いたことがあるのではないでしょうか。中学生や高校生は「ギャル」「普通」「オタク」などのグループごとの特徴やその上下関係をなんとなく把握し、それぞれの交友関係は薄いそうです。また、一人でいることは「ぼっち」とさげすまれてもいるでしょう。

　こうした固定的な仲良しグループを維持するため、学校で直接会うだけでなく、家に帰ってもあまり深い理由がないにもかかわらず、友人と SNS を介したやりとりを続けてしまいかねません。現代の若者にとって、「いつもつながっ

ていないと不安」という気持ちは広く見られるものだといえるのです。

 3. アプリの設計と使い方

　他方、こうした若者のとりもつ関係性だけがスマホ依存を生むわけでもなさそうです。わたしたちが普段何気なく利用しているアプリの設計が、その使い方を決めていくという考え方もできます。

　たとえば、LINE アプリには「既読」というしくみがあります。このしくみは、これまでの携帯電話や PC のメールでは設定されていないものです。もともと、東日本大震災の経験から、返事を返せないような状況であっても、受信者がメッセージを開いたことが送信者にわかるようにするねらいで実装されました。しかし、若者のあいだでは既読したにもかかわらず返事をしないことを指す「既読スルー」という言葉が登場しました。この言葉は「既読」したら返事を返さねばならない、とみんながなんとなく感じていることを示しているといえます。

　もう一つ、スマホには通知という機能があります。本章冒頭で朝起きたら100件の通知となっている可能性を指摘しました。ポケベル、携帯電話のころは数十件しかメッセージを保存できなかったため、これほどの通知数にはならなかったでしょう。データ容量も大きく常時接続可能なスマホが普及し多くのアプリが生み出されました。ゲームや買い物などでのアプリの利用が増えるにつれて通知も増加し、スマホに目が向きがちになるのです。

　このように、わたしたちはアプリを何気なくつかっているのですが、これらは誰かが人為的に設計したものです。もちろん、そうした設計は人々の行為を制限するものであるとともに、あらたな行為へとつながるものです。こうした設計は物理的建築物の設計とよく似ているので、「**アーキテクチャ**」と呼ばれています。アーキテクチャとは、もともと「建築物」を指す英単語です。

　ここで、インターネットのアーキテクチャについて触れておきたいと思います。その機能の一つに、「自分の世界を強める」働きがあるといわれています。Google や X（旧 Twitter）、Amazon などを用いて「検索」することで情報が手に入る状況は、自分の検索によって推論されたものが目の前に現れ、「みたい

ものしかみない」世界を自然とつくりあげているのです（イーライ・パリサー 2011 = 2016『フィルターバブル』ハヤカワ文庫）[>>> 第 1 章]。

　さらに、未来の可能性が限定されてもいます。たとえば、TikTok や Amazon のおすすめ機能などが典型的です。Amazon で何気なく買い物をし、その買い物からおすすめが推測されていきます。アプリやサイトを便利に自由に使っている一方で、過去の自分の閲覧や検索によって偶然の出会いが少なくなってもいるのです。Google や Apple、Facebook や Amazon などの企業は、過去に買ったものや個人情報、位置機能などの履歴をデータとして保管し、膨大なデータベースを作り、そこからあなたの心地よい世界を提供しています。言い換えれば、さまざまなデータと引き換えにわたしたちは心地よい世界を作り上げているのです。

●●●● 4. 便利な生活とコミュニケーション

　こうしてわたしたちは、普段何気なく、便利にスマホを使っているのですが、現代社会的な関係性のありようとアーキテクチャの思想によって、よりスマホなしでは生きていけない依存状態を作り上げてしまっています。もちろん、スマホを使って、便利に快適に生活できることはいうまでもありません。ですが、一度立ち止まってみなさんの前にある社会やしくみを検討してみる必要があるでしょう。

（妹尾　麻美）

h 授業コメント 💬 🤍

A：手元でいつも面白い動画が見られるのは当たり前じゃないんだね。

　　B：そのサービスがどのように提供されているかも調べてみたいと思います。

C：わたしたちは日常的に LINE を使っているけど、おばあちゃんとかスマホすら持ってない人もいるなあ。

CHAPTER 4

運動部の学生にとっての
大学生活とは？

 ## 1. 部活中心の大学生活

ジャージ姿やスウェット姿の学生を、大学のアチコチでみかけます。運動部に所属する学生たちでしょうか。ところで、素朴な疑問として、そもそもなぜ、運動部の学生の多くがスウェット姿なのだろう。

みもふたもない話かもしれませんが、「私服に着替えるのが面倒くさいから」という理由がすぐに浮かびます。つまり、講義の前後に部活の練習があり、「私服→スウェット→私服」といちいち着替えてなんかいられない、という理由です。もちろん、ほかにもさまざまな理由が考えられますが、少なくとも「着替えることの面倒さ」から言えそうなことは、スウェット姿の学生の多くが、部活を中心とした大学生活を送っているにちがいない、ということです。では、「**部活中心の大学生活**」[≫卒論 15] とはどのような生活なのでしょうか。

 ## 2. 練習でサボる／練習をサボる

高校までの部活動は、主に、放課後に行われます。しかし大学に進学し、部活に入部してみると、所属する部活によって、あるいは時期によって練習時間がマチマチであることに気づかされます。それにもかかわらず、部員が練習に参加できているのは、大学の履修制度が大きく影響しているからでしょう。高校までとは異なり、大学では、ある程度「自由」に時間割を組み立てることができます。その結果、「部活の練習時間」を考慮した履修登録が可能となり、練習に参加できるというわけです。ここで大切なのは、時間割が「自由」に組めるがゆえに、「講義をサボること」も、そして「練習をサボること」も可能となる、ということです。では、順番にみていきましょう。

練習と講義が重なる場合、あるいは、練習時間や時間割の急な変更でいずれかにしか参加できない場合、練習を優先する学生が一定数います。なぜ、講義をサボるのでしょうか。「講義に出たくないから」と言われれば、それまでですが、部活動に熱心な学生ほど、あるいは、部内競争が激しい部活ほど、「練習を優先すること」に選手としての美学を感じることも確かでしょう。この**「サボることの美学」**は、講義を休んで自主練習を行う部員が他の部員から「一目置かれること」や、大会前の「大事な時期」に講義を優先した部員に対し、他の部員が「非難の眼差し」を向けることからも理解できます。

　一方、練習をサボりたい時はどうでしょうか。その際は、むしろ、講義を最大限に利用することだってできます。その意味で、練習をサボる際にもっとも「ありがたい」講義こそ、必修科目ではないでしょうか。一見すると、「必修科目があるため、今日は部活を休みます」という理由は、先の「サボることの美学」に抵触する恐れがあります。しかし、大会前等の「大事な時期」ではないかぎり、その理由は「正当な理由」として部内で認められるはずです。

　さらには講義や部活をサボる際に、部内の先輩－後輩（**タテの関係**）、あるいは同期（**ヨコの関係**）といった関係性が活用されることがあります。たとえば、講義に出席して先輩の分までノートをとったり、資料を受け取ったり、出席カードを出したり、または、サボった日の練習内容を教えてもらったり等がその典型です。

▪▪▪ 3. さまざまな線引き

　ところで、みずからが「○○部であること」にある種の誇りをもち、そこに所属していることに特別な感情を抱く学生がいます。こうした自己認識は、日々の学生生活の、何気ないやりとりから確認することができます。

　たとえば、部活を辞めようとする部員に対し、他の部員から次のような説得がなされたとします。「運動部として最後まで続けることが、自分の将来に必ずプラスになる。だから辞めるな」と。この場合、「運動部であること」と「運動部でないこと」のあいだに線が引かれていることがわかります。次の会話はどうでしょうか。「大学ではバスケをしています」「サークル？」「いや、体育

会のバスケ部です」。ここでも、「体育会」(運動部)と「サークル」のあいだには明確な線が引かれています。つまり、「運動部であること」と「運動部でないこと」のあいだに線を引くことではじめて、「運動部であること」に特別な感情を抱くことが可能となっているのです。

こうした**線引き**は、じつのところ、「体育会の内部」でも行われています。たとえば、成績優秀な運動部と他の運動部が、同じトレーニングルームに偶然居合わせたとします。こうした状況ではしばしば、過酷なトレーニング方法を実演する「成績優秀な運動部」に他の運動部があっけにとられ、「私たち」とは「全然レベルが違うこと」をまじまじとみせつけられる、ということが起こります。ここにも、「成績優秀な運動部」と「それ以外の部」のあいだに線が引かれていることがわかるはずです。このように、運動部の学生の多くは、さまざまな場面や状況で線を引きながら、「運動部であること」「〇〇部であること」をそのつど、確認しているといえるでしょう。

■■■ 4. シューカツによる翻訳

さて、「部活中心の大学生活」を送ってきた運動部の学生たち。かれらの多くが、その経験を「ポジティブなもの」として意味づけます。たとえその経験が、苦しくて辛いものであったとしても。というのも、大学生活の後半頃から本格的に始動する**シューカツ**(就職活動)は、「部活中心の大学生活」を「頑張った大学生活」に翻訳するように学生に働きかけるからです[»»第13章]。

エントリーシートの作成、自己分析、面接試験といったシューカツのプロセスは、学生に対して「みずからのアピールポイントがどこにあるのか」を要求します。要するに、「部活中心の大学生活」をアピールする最大のチャンスがシューカツなのです。ひとつのことに打ち込んだこと、仲間とひとつの目標に向かって切磋琢磨したこと、(実際は講義をサボっていたとしても)講義と部活の両立に取り組んだこと等がアピールポイントとして語られます。さらには、たとえ「部活中心の大学生活」が苦しくて辛い経験であったとしても、場合によってはその経験を「自分という人間を成長させるための肥やしであった」という風

に、アピールしてみせることだってできるわけです。なお、「部活中心の大学生活」のアピールが、シューカツに実際に有利に働くかどうかについてはここでは判断できませんが、ある研究成果によると、大学スポーツでの活躍が採用選考において高い評価を受けるとする側面は、戦前の大正期に定着したようです（束原文郎 2011「〈体育会系〉就職の起源」『スポーツ産業学研究』21（2））。

▪▪▪ 5. 運動部の学生にとっての大学生活

　大学のアチコチでみかける「スウェット姿」の学生たち。かれらの多くは、「自由」な履修登録制度のもとで「部活」と「講義」の時間をうまく組みあわせながら、「部活中心の大学生活」を送っています。また、部活内で共有された「サボることの美学」を強く意識した結果、講義よりも練習を積極的に優先する学生も少なくありません。そしてここからわかることは、「スウェット姿」の学生たちは「かれら固有の大学生活」を送っている、ということです。そのように考えると、ともすれば「講義にあまり積極的ではない」といったネガティブなイメージでみられがちな「スウェット姿」の学生たちの、別の姿が浮かび上がってくるはずです ［》第30章］。　　　　　　　　　　（上原　健太郎）

▥ 授業コメント　💬　♡

A：運動部の人たちって、教室の後ろにいつも集団で座ってるイメージ。

B：そのイメージ、わかる。まぁもちろん、そうではない人もたくさんいるけどね。

C：毎日の部活の練習で疲れてるイメージ。あるいは、部活にむけて体力温存の時間？

D：そんなこと言ったら、バイトしている人も、サークルに入ってる人もみんな一緒だと思うけど…

E：たしかにそれはそうだ。みんなそれぞれで大変だ…

CHAPTER 5

「見せる」のではなく「見る」ためのロリータファッション

1. ロリータファッションとファッション社会学

ロリータファッションという少し変わったファッションがあります。若い女性向けの少女趣味でかわいい、というか過剰にかわいらしすぎるところもあるファッションです。フリルやリボン、レースがたくさんあしらわれたスカートにパニエを入れて膨らませたドレスを着て、おでこ靴と呼ばれる厚底パンプスを履いていたりします。怪奇趣味的なゴシックファッションの要素を取り入れた「ゴスロリ」はその一種で、他にも「甘ロリ」、「クラロリ」などのジャンルがあります。ただしメイド服と混同してはいけません。ロリータはストリートファッションであって、制服やコスプレ衣装ではないからです ［》》卒論 03］。

このような服装への評価や好みは若者たちのあいだでも分かれている点で、ファッションのスタイルとしても変わっているわけですが、ファッションを研究対象とする社会学にとってもおもしろいところがあります ［》》卒論 05］。

ファッションの主な目的はオシャレ、つまり自分を魅力的に見せるというところにあります。そのためファッションとは通常、その服装をしている人が「自分のことをどのように見られたいか」を表現するものと考えられています。**ファッション社会学**も基本的にこの前提に沿うものであり、「**見せる**」・「**見られる**」ものとしてのファッションの分析を行い、服装が表現する社会的な意味を明らかにしようとするものです（河原和枝 2005「〈視線〉としての他者」『自己と他者の社会学』有斐閣アルマ）。

ところが、2010 年頃私がロリータファッションの愛好者、つまり「ロリータさん」たちに聞き取り調査をしてみたところわかってきたのは、彼女らの多くはどうもそういう目的でその服装をしているわけではなさそうだということでした（有田亘 2013「「視線革命」としてのロリータ・ファッションへむけて」『国際研究論叢』26（3））。

●●●● 2. ロリータファッションの主な動機

　彼女らがよく口に出すのは、「現実逃避」という言葉です。おとぎの国のお姫様やお人形のようになりたいからそういう服を着ているのだ、と。しかしよく聞いてみると、「なりたい」というのは、「お姫様やお人形のように見られたい」という意味ではなく、「文字通り、お姫様やお人形になりたい」という意味で用いられていました。お人形のようにかわいいと言われたいのではなく、かわいいお人形になって、お人形が見るのと同じように見たい、という表現の方が正確かもしれません。おとぎの国のなかなのですから、人形も物を見ます。つまり、ロリータファッションは「**見る**」ためのファッションとでも言うべきものだったのです。「見せる」・「見られる」ためと言うよりは。

　それにしても、何を「見たい」のでしょうか？　おそらくは「夢」を［》第17章］。つまり現実逃避をしたいのです。そこではロリータ服はファンタジックな世界に入り込むためのある種のスイッチ、いやむしろより端的に**視覚装置**とでも言うべきものになっています。かわいい服を着るとお姫様のように他人の目から見えるようになる、のではなくて、自分の目の前にお姫様の暮らすおとぎの国が見えるようになるのです。色眼鏡をかけると眼前の世界が黒やピンクに見えるのと同じように。

　にわかには信じがたいかもしれないこの説を、ロリータ愛好者によくある行動パターンが裏づけています。それは第一に、「**見られる**」ことの拒絶、第二に、「**見る**」ことの偏愛と私が呼んでいる態度のことです。以下にその説明をしていきましょう［》他者の合理性理解については第30章］。

●●●● 3. 「見られる」ことの拒絶：視線の遮断

　ロリータさんたちは、「かわいい服を着た私を見てもらう」ことにほとんど関心を示しません。そこには**他者**からの**視線**を無慈悲なまでに遮断しようとする身振りすらあります。これは、見ず知らずの他人から興味本位で眺められることが多いのを警戒してのことでもあります。しかし理解のある友だちから服

装をほめられるのにすら、彼女らの多くは「私なんてまだ全然着こなせていません」などと、過剰なまでの謙遜的態度をとるのが普通です。

彼女らも内心は「かわいいと見られたい」願望を持ちあわせていないわけではありません。しかしそれは彼女らがそのファッションを愛好する主要な動機とはなりえません。なぜなら、「見られる」ことはそれによって現実の世界に引き戻されることはあっても、それ自体で現実を忘れさせてくれることにはつながらないノイズでしかないからです。

それゆえロリータファッションの実践は着る人の見たいものだけを注視する方向に働きます。その点で、インタビュー協力者のほぼ全員が、服を選ぶ時自分に似合うかどうかをあまり考慮しない、人によっては服を当ててみることすらしない、と回答したのは印象的でした。試着もせず似合わない服を衝動買いしてしまったら、後で我に返った時着られなくなりそうなものですが、それが普通によくある（もちろん着る）と言うのです。自分に合う服を選ぶのではなく、自分を服に合わせるのだ、という言い方を彼女らはする時もあるのですが、「見られる」ことを拒絶するあまり鏡を介した自分の視線すらも遮断して、彼女らは服に合った世界だけを注視しようと努めているかのようです。

■ 4.「見る」ことの偏愛：注視

「見られる」のを徹底して嫌う一方で、彼女らは「かわいい服を着た女の子を見る」ことへの強い喜びを隠しません。見られたくはないが、見るのは大好きなのです。街中でかわいいロリータファッションの女の子を見かけたら「むちゃくちゃテンションが上がる」「何度もふり返って見ます」「跡をつけてしまったことがある」など、誰もが一様に「かわいいロリータさんを鑑賞する楽しみ」を饒舌に語ります。「着るよりもかわいい子を見る方が好き」と口にする人もいるくらいです。

このように「見る」ことへ向けられた彼女らの偏愛は、他方での「見られる」ことを拒絶する姿勢とも相まって、ロリータ服があたかも現実逃避的でかわいいものを選択的に「見る」ためであるかのような印象を与えることになります。

そのことをあるロリータさんは、彼女のもう一つの趣味であるゲームの比喩を使って、こう表現しました。「日常の上に覆いかぶさったもう１枚のレイヤー（ゲーム内の表現に用いられるコンピュータ・グラフィックの層）ごしに見えるものって、みんなと同じものなんだけどなんか違うんです。」

　ロリータファッションの愛好者たちを引きつけてやまないのは、世界が違って見えることの快楽であって、服装はそれを追求するための手段だったと言えるでしょう。

　見たいものが見えた時の強い喜びを語る彼女らの様子からは、「見る」という行為が生み出す主体性・全能感の体験の魅力が伝わってきます。逆に言えば、そのことは従来「見られる」ばかりで「見る」ことが許されてこなかった少女たちの文化のジェンダー論的な特徴［》》第12章］を示しているのかもしれません。文化人類学者の山本勇次はオタク文化における「視線革命」について論じたことがありましたが、ロリータファッションはまさに少女文化における視線のあり方に革命的な変化をもたらしたメディアだったのです（山本勇次2011「オタクは「恥の文化」に視線革命を起こせるか？」第９回ゲーム学会発表）。

（有田　亘）

---

h 授業コメント 💬 ♡

A：かわいいと思われたくてああいう格好してるんだとばかり思っていた。浅はかでした…。

B：よほどしっかりとした自分の意志をもっていないとロリータファッションはできないと思う。ある意味ロリータさんたちを尊敬します。

C：言い方良くないかもしれないけど、ロリータファッションって似合ってない人も多いことに納得がいきました。

D：ロリータの友だちが「畏れ多くて見てはいけないものとして見てほしい」と言ってました。どっちなんや（笑）

　　E：じゃあやっぱり見られるの意識してるのかな？

CHAPTER 6

キャラに溢れた世界

 ## 1. YouTuber から官公庁まで

　電車の広告、アプリやゲームのアバター、テレビの CM、コンビニの商品パッケージ、文房具 etc…私たちの日常は、愛らしいマスコットのイメージで覆い尽くされています。「ちびキャラ」が掛け合いをする YouTube 動画に魅了されているのは、幼児や小学生だけではありませんし、企業や自治体などの公的組織が愛らしいマスコットキャラクターを持つのも、日本では普通です。しかしこの現象はいったい何を意味しているのでしょうか？　この章では、可愛いマスコット**キャラ**という、あまりにありふれた図像表現に注目して、それが働くメカニズムと、そこから見えてくる私たちの社会全体の特徴について考えていきます［》》「役柄」という意味でのキャラクターについては卒論 12］。

 ## 2. ロゴとキャラ

　はじめにキャラを考える手がかりとして、キャラを**ロゴマーク**と比較したいと思います。ロゴマークもキャラも、ともに企業や組織のアイデンティティー（帰属意識や統一感）を演出するための「記号」です。どちらも**イメージ**（絵）と**象徴**（あるいは文字）にまたがるような広告**デザイン**や PR の技法です。けれど実は、この 2 つが働くしくみは大きく異なっています。その違いをひとことで言うならば、ロゴマークが抽象的な価値や概念を訴えるためのものなのに対して、キャラとは**コミュニケーション**のきっかけを作り、それを継続する役割に特化したものだ、ということです。

　具体的にはどういうことでしょうか？　たとえばみなさん、NTT（日本電信電話株式会社）の水色の渦巻きマークを知っているでしょうか？　このマークは 1985 年の民営化の際に制定されたものですが、その図柄は「力強く描かれた曲線は無限運

動を表すループであり（中略）広く社会のお役に立っていこうとするNTTの企業姿勢」を「リズミカルに表現」しているとのことです（NTT西日本webサイトより）。このようにロゴマークとは、図像の直感的な伝達力を使って、抽象的な論理や理念を訴えようとする広報技術だと整理できます。形態の美しさを、主張しているメッセージの正しさにショートカット（短絡）させる説得の技法と言ってもよいでしょう。

3. 「つながるための存在」としてのキャラ

それに対してキャラの役割の本質は、具体的な内容を伝える以前に、まず受け手と送り手をつなぐことにあります。電話の「もしもし」という言葉には、具体的な意味や伝えたい内容はありませんよね？　何か意味のあるメッセージを伝える前に、まず自分と相手がきちんとつながっているかを確認するために、私たちは「もしもし」と発します。キャラの目的も「もしもし」と同じく、とにかく相手とつながって無視されない関係性を構築することにあり、そのためにイメージの力を使う技法なのです［》「つながる」ということについては第3章］。ですからロゴと違って、キャラには「伝えるべきメッセージ」が込められていたり、何かの理念を「象徴」している必要は必ずしもありません。もちろん何かのメッセージが込められていることもありますが、それらはキャラの成功にとって二次的な要素でしかないでしょう。

4. キャラの図像的特徴：顔、幼さ、拙さ

キャラの図像的な特徴は、この「つながりを作る」という使命から説明できます。キャラには「可愛さ」とか「親しみやすさ」が重要だとよくいわれますが、それが何を意味しているか、要素に分解して考えてみましょう。

まず、キャラには顔があります。ほとんどのキャラが、顔もしくは顔を想起させる特徴をもっていますが、それは顔が人間にとって放っておくことができない特別なパターンだからです。人間同士のコミュニケーションにおいては顔

が決定的な役割を果たすため、私たちは顔のように見える図像に対して、優先的に注意を向けてしまう（つながってしまう）のです。

　さらにキャラの場合、顔といってもそれは基本的に「幼い」顔、未成熟な赤ちゃんのような顔です。「つながる」とは**接触**すること、ふれあうことですが、それは赤ちゃんと母親が抱きあうとか、サルが毛づくろいで親愛の情を示すような、コミュニケーションのもっとも基礎的で原初的な段階です。社会的な動物である人間は、泣いている赤ちゃんを放っておくことは普通できません。コミュニケーション活動の原点と深いかかわりのある「幼さ」という特徴もまた、接触を促す強力なパターンといえます。

　それから、「ブサかわ」「キモかわ」といわれるように、キャラは時に拙かったり醜くても構わないのも大きな特徴です。これは、ロゴが基本的に図像として高品質でなければならず、洗練が要求されるのとは際立って違う点です。なぜならば、巧みでないとか醜いということも「放っておけない感じや、つながりたくなるためのトリガー」として機能するからです。あんなひどいキャラはいないねと「ツッコむ」とか「いじる」というのは、じつは「接触」そのものです。このように整理してみると、キャラが一般的にもっているデザイン的な特徴は、すべて接触やコミュニケーションを志向しているとわかります。

5. 世界の変化とキャラが氾濫する理由

　では、なぜ今これほど世界にキャラが溢れているのでしょうか？　ひとつにはメディア状況の多様化や複雑化が関係していると考えられます。現代人の生活は、スマホのなかの多種多様な SNS や動画配信サービスなど、膨大なメディアに全面包囲されています。しかし私たちの時間は限られていて（誰にとっても1日は24時間、1週間は7日しかなく）、人間が一度に**注意**を向けられるチャンネルの数も限られています。だから多チャンネルの時代とは、送り手が受け手とつながっているかどうかがきわめて不確かな時代です。どれほど立派なメッセージでも、そもそもチャンネルがオフになっていて、相手に届いていなかったらどうしようもありません。そのような世界では、抽象的な意味や論理的な価値の

伝達以前に、まずもって注意を向けさせること（回路のアクティブ化）が目指されるようになるでしょう。こういう側面は、新聞やテレビの時代からありましたが、今はますますそうなっています。その時、キャラを使った広報活動とは、切れているチャンネルをつなげに行く、つながっていると確認すること「だけ」を目指すようなコミュニケーションなのだといえます。

　あるいはもうひとつ、いまやテクノロジーが高度に発達し、人間の考える活動、抽象的な判断をどんどん代行するようになっていることも関係しているでしょう。あなたが普段、スマホの自動推奨機能や各種の AI 支援にどれほど頼っているか考えてみてください。原始のサルが進化して徐々に人間になった過程や、子どもが成長して大人になる過程とは、ふれあっているだけの段階から、やがてイメージ（グラフィックや想像力）を使い、そして象徴（言葉や文字）による論理操作ができる段階へと、ステップをのぼっていくことでした。けれど、いまは大人であっても、ふれあいや接触の段階にとどまっていてよい時代であり、そのような存在となった人間の意識や関心を奪いあうために世界に蔓延しているのが、キャラを活用したコミュニケーション戦略だ、ともいえます。

　こうして考えると、一見取るに足らないキャラという現象にも、実は私たちの社会全体に関係する、とても重要な問題が隠れているとわかります。同様にあなたの身近な関心が題材でも、理論的な枠組みを使って「そこにどんな問題があるか」を突き詰めて考えれば、正当な研究テーマとなり、現代の社会やメディア状況を理解することにつながるはずなのです。　　　　　　（阿部　卓也）

h 授業コメント　💬　♡

A： VTuber って、どんな絵柄のイラストでも技術的には可能なはずですが、実際に人気がある VTuber は、みんな「可愛くて幼い外見」ですよね。「可愛いマスコットキャラ」の話が、VTuber みたいな「役柄をまとうものとしてのキャラクター」の問題とどんな風につながっているのか、考えてみたいです。

B： キャラと言えば着ぐるみです。着ぐるみは、イベントに出たり、子どもやタレントとじゃれあったりしますよね。そういうことも、この授業で解説された「接触」の一種、という理解であってますか？

ビデオゲームに暴力的影響は
あるのかないのか？

 ## 1.「影響はある！」というのが有力説

　若者たちによる凶悪事件が起こるたびに、と言ってよいほど、**ビデオゲームの暴力的影響**が取り沙汰されてきました。事実、加害少年が暴力的なゲームに熱中していたこともしばしばで、なかにはゲームに影響されて犯行に及んだと自供しているケースさえあって、マスコミが大きく話題にしたこともありました。

　結局のところ、ゲームの影響でプレイヤーは暴力的になるのでしょうか？主として心理学系の専門家たちの見解はかなり端的に、「その影響はある」というものです。その代表格、社会心理学者のクレイグ・アンダーソンは、「暴力的なビデオゲームは、有意に攻撃的な行動、思考、感情を高め、向社会的行動を減少させる」と主張しています。2000年代以降、とくにアメリカではゲームの暴力性についての研究が進み、たとえば次のようなことが明らかになっているそうです。

　暴力的なビデオゲームの曝露時間と、自己申告の攻撃的行動には正の相関がある。すなわち、長時間プレイしている人ほど、「自分の話を聞いてくれない人にはカッとなる」とか「殺してやろうと思って暴力をふるったことがある」。あるいは、『カーマゲドン2』(街中を暴走して人を轢いたりできるレースゲーム)で遊んだ後で心理テストをしてみると、プレイヤーの攻撃性が優位に高くなっていた…。

　他にもさまざまな研究成果が積み上がっていて、議論の焦点はもはや、影響があるかないかではなく、どんなしくみで影響が生まれているのかに移っているのだとか。さらには、そのしくみの解明も有力な5つの説に絞られてきており、それらを「一般攻撃性モデル(GAM)」に統合する作業をアンダーソンたちのチームが目下進めているところなのだとされています(渋谷明子2003「テレビゲームと暴力」『メディアと人間の発達』学文社など)。

●●● 2. ゲームよりもゲームユーザーに注目すべき理由

　ただし、ゲームの影響の有無についての議論はそれほど決着がついているわけではありません。心理学的な有力説に対する興味深い問題提起は、小児科医学の方面からなされました。ローレンス・カトナーとシェリル・オルソンはとくにゲームの専門家というわけではありませんでしたが、彼らの病棟にはベッドの上で暇つぶしにゲームばかりしている子どもたちがたくさん入院していました。その子たちから得られた豊富なインタビュー結果に基づいて彼らが忠告したのは、人々は心配しなくてよいことを心配しすぎである、ということでした（カトナー／オルソン 2009『ゲームと犯罪と子どもたち』インプレスブックス）。

　たとえば、「学校で先生に怒られたので、『グランド・セフト・オート』（自動車泥棒ゲーム）のなかでその先生に似た女の人を殴り殺すプレイをして憂さ晴らしをした！」などと、大人が聞いたら青ざめるようなことを嬉々として話す子どもの様子が報告されていますが、「このような例でさえ、凶悪な暴力犯罪に結びつく確証はない」と彼らは指摘します。というより、それはゲームプレイヤーのよくある姿にすぎません。無邪気なようで大人より凶悪なところがあったりもするのがそもそも子どもたちの言動なのであって、その子たちが心理テストの質問票に記入した回答は現実の凶悪犯罪行動とは異なります。その点で、ゲームのことばかりを論じて**ゲームユーザー**に注意を払わないのはおかしい、という彼らの主張には耳を傾けるべきところがあります。凶悪犯罪に走る子どもはごくわずかな一部です。その一方で凶悪だとはいえほとんどの子どもに見られる言動を、例外的な犯罪行動の原因に結びつけるのには無理があるのです。

●●● 3.「正義」の逆説的な暴力性

　ただ、暴力的なゲームをしている子どもたちが凶悪犯罪者になりやすいとは言えないにしても、いじめの加害者になりやすいという調査結果は、実際に得られています。カトナーとオルソンも認めている通りですが、ではやっぱりわが子をいじめっ子にしないためにもゲームで遊ばせるのはやめよう、と思う保

護者の心配ももっともだということになるでしょうか…？ おそらくそうはなりません。

　その理由を示してくれる興味深い研究は、日本の社会心理学の成果として生まれました。坂元章らの研究は、残虐な殺人シーンが描かれるゲームよりも、親が子どもに遊ばせても大丈夫だと思えるような暴力描写の少ない「ヒーローもの」のゲームの方が、子どもの攻撃性を高めやすい可能性があることを指摘したのです。そしてそこから坂元は、**正義の味方との自己同一化**という、暴力の原因に見えにくいものこそが実は暴力の原因なのではないかと推測しています（坂元章 2004『テレビゲームと子どもの心』メタモル出版など）。

　これはつまり、ゲームのなかのヴァーチャルな暴力に影響を受けながらも、その暴力自体とは当然ながら区別される現実のゲームユーザーによる暴力のふるわれ方にこそ注意せねばならない、という議論です。子どもっぽい「ヒーローもの」のなかに描かれている暴力は、暴力それ自体としてはたわいないものが多いですが、それが現実の場面でふるわれた場合、「正義が悪を倒す」という名目のもとユーザーが安心して同一化できる点で根深い凶悪性をもっている、というわけです。

　考えてみると、実際の社会や人間関係のなかで、自分が一方的に悪いとわかっていて、それでもなおかつ相手に暴力をふるえる人はなかなかいません。逆に、自分の側に明らかな正義があると思い込めさえすれば、誰しも普段はふるわないような暴力でも容赦なく加えられるようになるというものです。だからこそ、ビデオゲームの出現以前から「ヒーローごっこ」遊びはある種のいじめの温床として機能してきた（いじめっ子がヒーロー役で、いじめられっ子が悪役）ことを思い出すべきでしょう。

▦ 4. ゲームを通して見える社会の矛盾した多面性

　だからといって、残虐表現を含むゲームの代わりに「ヒーローもの」を取り締まれば問題は解決する、というわけでないことも明らかです。物事の善悪を学ぶということは、人間が社会生活を営む上で根本的に重要であるのに決まっ

ているのであって、その教育的機能を日常の世俗的生活のレベルで担っているのが「ヒーローもの」だからです。どの国いつの時代にもヒーローものは存在するし、それがない社会なんてありえません。

　むしろ浮かび上がってくるのは、ビデオゲームの暴力的影響は厳然と存在し、それがけっしてなくならないという事実と、その理由は、正義の味方が体現する正義そのものが実は暴力の根本的な本質だったからだ、という気まずい真実です。

　しかしそんななかで、ゲームに悪影響なんかないと開き直るのでもなく、ゲームを取り締まる側に与することもなく、物事を考えていく必要がわれわれにはあるのだろうと思います。そのヒントになるのはゲームを通して見える社会の姿です。それは正直、良く言えば多面的、悪く言えば矛盾した姿ですが、それに率直に向きあっているかのような、『グランド・セフト・オート』ユーザーの子どもの発言を最後に引用しておきましょう。

　「犯罪者を逮捕したり、運び屋になったり、火を消したり。警察のために働くこともできるし、気が向いたら人を撃ったりできる。このゲームは同時にいいヤツと悪いヤツになれるんだ！」

（有田　亘）

h 授業コメント　💬　♡

A： 結局アンダーソンさんは「一般攻撃性モデル」を作り切れたのか気になる。この問題って本当に決着がつかないんでしょうかね？

B： ヴァーチャルとリアルの区別くらい大人が心配しなくてもつくから、自分は暴力的なゲームをしても大丈夫だと思う。中学生くらいだとアブナイかもしれないが。

C： そういう慢心こそが中二病っぽくないですか？

D： 小学生の子どもがいる社会人学生としては、複雑な気分です…。社会学と心理学ではまた見解が違うんでしょうか？

ゲームのアクセシビリティから 「同じ経験の場に立つ」ことを考える

1. どうして視覚に頼らずに『スト6』を遊べるのか

皆さんはeスポーツという分野を知っていますか？ eスポーツはコンピュータゲームやビデオゲームを使った対戦をスポーツ競技として捉える際の名称として定着し、2010年代ごろから世界各地で大会が行われるようになってきました。

そんなeスポーツの中でもとくに有名な国際大会「EVO 2023」で、驚くべき出来事が起こりました。『STREET FIGHTER 6』(略称『スト6』)によるトーナメント戦で、オランダ出身の全盲のプレイヤーであるSven（スヴェン）氏が、本大会の1回戦を突破したのです。勝利の瞬間、確かにスヴェン氏は両目を布で覆った状態で勝利を喜んでいました。

ですが皆さんは不思議に思うかもしれません。ビデオゲームといえば、両目でゲーム画面を注視し続けて遊ぶイメージが強いはずです。視覚に障害のあるプレイヤーがどうして、格闘ゲームの大会で勝つことができるのでしょう？ そのような疑問を理解するためには、「ゲームのアクセシビリティ」のことを知る必要があります。『スト6』は、カプコン社が展開する対戦格闘ゲームシリーズ「ストリートファイター」の最新作です。2023年6月2日に発売されたばかりのこのゲームは、「EVO 2023」開催日である2023年8月上旬には、既に大会の正式種目のひとつとして採用されていました。つまり、ゲームの発売からスヴェン氏が第1回戦を突破するまでの期間は、約2ヵ月しかなかったことになります。

スヴェン氏は、その短い準備期間で、何を頼りに『スト6』の腕を磨いたのでしょうか？ 実は『スト6』には、眼の見えない人でも音声を頼りにゲームの状況を把握できる「**サウンドアクセシビリティ**」機能がサポートされています。

「対戦相手との距離」「体力の残量」「攻撃の種類」などを SE（**サウンド・エフェクト**）として鳴らすことで、視覚表現に取って代わる状況把握が可能になっているのです。

　このサウンドアクセシビリティの実装にあたっては、e スポーツを介した障害者就労支援を行う株式会社 ePARA が全面的に協力しています。同社は『スト6』発売以前から全盲プレイヤーだけが参加できる格闘ゲーム大会「心眼CUP」を主催するなど、e スポーツにおける "パラリンピック" 的な方向性を模索し続けてきました。こうした試みの延長線上に、スヴェン氏のようなプレイヤーが短期間で晴眼者プレイヤーを圧倒するような状況が実現したのです。

▦ 2. そもそもアクセシビリティとはなにか？

　アクセシビリティ［»第 29 章］とは直訳すれば「近づきやすさ・アクセスのしやすさ」となります。ですが技術用語としては、1990 年代末頃に Web ブラウザ技術が普及しはじめた頃に、「すべての人が〔Web コンテンツ等に〕アクセスできること」を指す意味合いで使われるようになりました。それから約四半世紀が経ち、私達の身の回りにある電子機器や電子コンテンツには、アクセシビリティに配慮した機能が用意されることが増えてきました。

　ところで実は皆さんも、このアクセシビリティの実装例をすぐに試すことができます。皆さんの多くが利用しているスマートフォンには、システム設定の中に「アクセシビリティ」の項目があります。そして皆さんの中には、すでにそれらの機能を日々使いこなしている方もいるでしょう。

　指が使えなくても、声が出せなくても、眼が見えなくても…たまたまそうではない人と比べて使いづらいことがないよう、丁寧に導線を設けること。それが、アクセシビリティ技術が世の中に対して提供しているものです。

▦ 3. アクセシビリティのゲーム／映画／その他の娯楽への広がり

　けれど皆さんの中には、次のような疑問を持たれた方もいるのではないで

しょうか。スマホのような生活必需品と違って、ビデオゲームはあくまで娯楽ではないか。そのような分野でまでアクセシビリティを追求する必要はあるのだろうか？ …ですが、たとえばこの疑問を映画に置き換えてみるとどうでしょう。眼の見えない人や耳の聞こえない人が映画を無理に鑑賞する必要はない、と思われますか？ なんだか"排除的"な言いぶりに感じられはしないでしょうか［語りの偏在性については ≫第 16 章］。

　実際、多くの映画作品は、晴眼者かつ健聴者である人の感覚器官を当てにして作られてきました。しかしながら、近年では映画の分野でも「**バリアフリー上映**」というアプローチによって、視覚障害者向け、聴覚障害者向けの映画上映が広まってきています。さらに、こうした方向性を肯定するように、2024 年4 月からは、障害者差別解消法の令和 3 年改正に基づき、事業者による障害のある人への「**合理的配慮**」（reasonable accommodation）の提供が義務化されました。これにより、2024 年 4 月以降は、映画だけでなくテレビや配信などの映像作品に「字幕と音声ガイド」をつけることが当たり前のものとなります。

　つまり、私達の暮らしの中にある映像文化にも、機会の平等を目指すという視点は、しっかりと盛り込まれてきていると言えます。

4. ゲームのアクセシビリティの成功例：『The Last of Us Part II』

　ビデオゲームの中には、こうした映像文化におけるアクセシビリティの取り組みに意識的な作品もありました。たとえば 2020 年に PlayStation4 で発売された『The Last of Us Part II』は、「視覚障害者向け」「聴覚障害者向け」「運動障害者向け」それぞれに対応した 3 種類のアクセシビリティを取り揃えました。実際に、全盲のゲーマーとしてゲーム配信活動をしている Sightless Kombat 氏は 2020 年 6 月末に「他人のアシストなしで一つのゲームを初めて完全にクリアできた」と X（当時の Twitter）で報告していました。また全盲のプロ・ヴァイオリニストとして知られる白井崇陽氏も、同ゲームのアクセシビリティ機能がいかに優れているかを自らの YouTube チャンネルで網羅的に解説し、「今後はこのようなアクセシビリティ実装が世界のビデオゲームのスタン

ダードになってほしい」と結んでいます。

　つまり、『The Last of Us Part II』のような大規模予算のゲームについても、健常者と障害者が同じ作品の面白さにアクセスでき、その経験を語り合える世界が今まさに開かれつつあるということでもあります。

:::: 5. 再びeスポーツへ

　eスポーツは通常のスポーツと同じなのか、運動能力を競うスポーツと手を動かすだけのビデオゲーム上の戦いはスポーツとは呼べないのではないか…。そうした議論は、対戦型ビデオゲームの一部が「eスポーツ」と呼ばれだした頃からくり返されてきました。確かにeスポーツが「スポーツ」という用語を不用意に借りてきてしまった以上、そうした議論は依然として重要でありつづけるでしょう。けれども一方で、いまこの時代に社会学という学問に興味を持った皆さんには、むしろeスポーツという舞台を通して、"人どうしの平等のための環境づくり"の試みが少しずつ、しかし着実に進みつつあるという現象にも、ぜひ着目していただきたいと思います。

（髙橋　志行）

h 授業コメント 💬 ♡

A：僕の妹は生まれつき眼が見えなくて、一緒に家で対戦型ゲームをすることができなかったんだよ。けれどこういう時代になってるなら、妹を誘って遊んでみたいな。

B：私のおじいちゃんはスマホの文字をとても大きくしたり、読み上げ機能を活用したりしてる。あの機能をアクセシビリティと言うんだ。全然意識してこなかった。

C：交通事故で一時的に車椅子生活を送った時、映画館でも車椅子専用席が用意されていて、とても嬉しかったことを思い出した。自分がどんな健康状態でも、文化的な何かに触れられる経路が用意されてるって、すごく大事だし、実際経験すると、とても救われた気持ちになるよ。ビデオゲームもどんどんそうなっていってほしいね。

CHAPTER 9

バンクシーの落書きは
アリかナシか

1. 落書きは許せないのか？

落書きの多くは言うまでもなく、許されない犯罪です。しばしば社会問題にもなっています。しかしここでは、落書きはそういえばなぜ許されないのか？そして許されないものを取り締まる（といういたちごっこ）以外の落書き対策はないのか？といったことを考えてみたいと思います。

落書きする人たちは何を考えているのかというと…、あるいは、落書きにはどんな社会のしくみが働いているかというと…ということに想像力を働かせてみましょう。

2. グラフィティのルール

最近世界中の街中でよく見かけるのは**グラフィティ**と呼ばれる落書きです。ラップ、ブレイクダンスとともに「HIPHOP の三大要素」の一つとされているグラフィティは、その規模によって「**タグ**」→「**スローアップ**」→「**マスターピース**」の３段階に分かれています。タグはものの数分もあれば描ける雑なものですが、マスターピースになると描くのに何日もかかるまさに芸術作品です。

興味深いことに、グラフィティにはその段階順に上に重ねて描くことができるが、逆をするとディスられる、という暗黙の掟があります。落書き自体がそもそも違法なのに、そんなルールがあるのは変に思う人もいるかもしれません。でもこれはヤクザの「仁義」などと同様で、**逸脱文化**によく見られる特徴です。彼らなりにカタギの人々の支配的・正統文化に抵抗してみせているのです［》第30章、卒論10、16］。

この掟をうまく使うと、無法な落書きに自主規制を働かせることもできます。

あらかじめ壁の所有者の許可をとって描く**リーガルウォール**がそれです。マスターピースの上にはタグやスローアップは書かれません。そのため落書き対策に積極的に誘致する商店街なども現れてきています。やめさせるのではなく、むしろ存分に描いてもらうという方向での逆転の発想です。

3. 許可をもらっていればOK？

　グラフィティのことはよく知らなくても、ファッションデザイン等で世界的に有名な**キース・ヘリング**のことは知っている人も多いのではないでしょうか。その画家が、とあるハンドボールコートの壁一面に大きく「CRACK IS WACK（麻薬はダサい）」と描いたことがあります。もちろん、公共の場所に無断で描いたので、ヘリングは取り締まられ、罰金を払わせられました。ただそのコートのあるニューヨーク・ハーレム地区は当時、麻薬犯罪が横行していました。そこで子どもたちを麻薬から守るためにもこの落書きを残そうという住民運動が起こったのです。今では公園名までもが「CRACK IS WACK Playground」となっています。

図9-1　ヘリング1986「CRACK IS WACK」(図解)

　この例が示しているのは、いくら上手な絵でも許可を得ずに描くのはWACKだという当然の常識が一方にあるものの、とはいえ描いた後から許可がもらえることだってある、ということです。しかも社会全体からの。

4. 支配への抵抗としての落書き

　このことをより自覚的に実行してみせて、世界の注目を浴びている画家が**バンクシー**です。彼は2005年、パレスチナ・ヨルダン川西岸地区の分離壁に落書きしました。この「分離壁」というのは、イスラエルとパレスチナの民族・国

家を文字通り分離するために築かれた、テロや武力紛争が絶えない中東問題の巨大な象徴みたいな壁です。そこにバンクシーが風船にぶら下がって壁を越えようとしている女の子のシルエットを落書きすると、ほかの人たちもどんどん描き加え、またたく間に壁面はカラフルに埋め尽くされてゆきました。

　これらの落書きを前にすると、戦争や差別と落書きとではどっちが WACK なんだろうか？という疑問を抱かざるをえません。平和な日本に暮らす私たち

には、「国家権力や支配への抵抗」といった話題は縁遠いかもしれませんが、商店街のシャッターや便所の落書きはケシカラン、というような正義感こそが、実はちっぽけなものかもしれませんよね。

図 9-2　バンクシー 2005『風船を持った少女』(図解)

⬛ 5. 結局バンクシーの落書きはアリかナシか？

　そうは言っても、匿名画家のバンクシーは、たぶん無許可で描いた作品を自分の素性を明かさないまま Instagram にアップロードして発表する、という落書きのスタイルゆえに物議を醸してきました。そしてその議論は変な方向へ脱線していっています。ある意味彼の狙い通りに？

　たとえば、彼の「違法な落書き」はすぐに消されてしまうことも多いのですが、消されてしまう前にせめてスマホで撮影しようと「追っかけ」をする彼のファンも現れるようになりました。すると「俺のシマ（なわばり）に描かれた絵だから」と見物料をファンたちから取ろうとする人も現れる始末です。もちろん、その人が「俺のシマ」だと言っているだけで、描かれた建物の持ち主ですらありません。さらに極端な場合には、建物の持ち主が自分で自分のビルの壁を破壊して絵を切り出し、美術オークションにかけてしまう、といったことも起こっています。なにしろバンクシーの作品は一点数千万円以上の値がつくことも多いからです。

　持ち主の許可を取っていない「落書き」は誰のもので、誰がそれを描いて

良いとか悪いとか決められるのでしょうか…？　こういう話をしていると、こんがらがった挙げ句の果てに、「バンクシーやヘリングのはもはや芸術であって、落書きじゃない」とか、例外扱いする結論がさも良識的に出てきたりもするのですが、バンクシーがニューヨークで起こした騒動の様子を収めたドキュメンタリー『バンクシー・ダズ・ニューヨーク』(2013) の表紙に使われている作品には皮肉たっぷりにこう書かれています。「落書きは犯罪です (Graffiti is a Crime)」

　自分がやっていることは落書きであり、それが犯罪であることも十分承知している、と言ってのけるバンクシーは何を考えているのでしょうか？　いやむしろ、バンクシーだけではなく、落書きする人たちはみんな何を考えているのかというと…、あるいは、落書きにはどんな社会のしくみが働いているのかというと…ということに想像力を働かせてみたい、というのが、この章の狙いでした。いかがでしょうか？

（有田　亘）イラスト：Jim

h 授業コメント　　💬　♡

A：マスターピースとかレベル高すぎて、犯罪になるのかどうかわからなくなる。まぁ犯罪ですけど。

B：落書きに許す許さないなんてない。とにかく落書きはやってはいけないと思うし、いくら許可をもらっても風紀が乱れると思うから良いと思わない。見苦しい。

　C：それってあなたが落書き嫌いなだけなんじゃ…？

　　B：いくら上手でも他人の家の壁や道路に落書きするのはダメ！

　　　D：リーガルウォールは許可もらってやってるって習ったやろ！？

E：キース・ヘリングもベルリンの壁に落書きしててむっちゃかっこよかった！　落書きはいかんとか言うけど、戦争や差別はもっといかん！

　F：麻薬反対とかせっかくいいこと訴えてるのに、落書きで訴えるのが残念。

CHAPTER 10

廃墟に行ってみることの意味

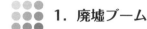

1. 廃墟ブーム

「廃墟」といえば、心霊スポットや暴走族［》卒論16］のたまり場の印象が強いかもしれません。そこには常に「恐い」「暗い」「汚い」といった負のイメージばかりがつきまとってきました。しかし最近は一部に「廃墟ブーム」という社会現象も見られ、「**廃墟趣味**」はある種のサブカルチャーとして認知されるようになってきました。そうした趣味の持ち主たちは、廃墟に独自の美を発見しようとしているのが特徴です。

といってもわかりにくいかもしれません。そこでたとえば、インターネットで「廃墟」を検索してみましょう［ネット・資料検索については》第22～24章］。無数の（2017年現在で1千万件近い）webサイトがヒットします。それらの多くは、廃墟を探訪して撮影した写真を掲載しており、そこには「役目を終えて朽ちてゆく廃墟の甘美な世界」、「この景色にものすごく色気を感じ、写真を何枚も撮りました」といった言葉が書き添えられています。あるいはニコニコ動画上でこれまで何十万回も再生されている「廃墟の美学」と題された映像を見てみましょう。さまざまな廃墟の写真がゆっくりと切り替わりながら映し出されるなか、「廃墟萌えー」「心が洗われる」「泣けてくる」などの言葉がニコニコ動画特有のコメントの弾幕となって飛び交います。

この動画のBGMに久石譲の音楽が使われているからというわけでもないのですが、「廃墟はジブリアニメ的に美しい」と言えばわかりやすいかもしれません。『天空の城ラピュタ』などはその代表格でしょうが、宮崎駿のアニメにはほぼすべてに廃墟が登場します（『ルパン三世カリオストロの城』から『千と千尋の神隠し』『ハウルの動く城』まで。探してみてください！）。それらが感じさせてくれるのは、今では失われてしまったものへの**ノスタルジー**や、生のはかなさへの**セ**

ンチメンタリズム、そして昔に想いをはせることのロマンといった、多くの人々が共有できる美しさでしょう。そもそも肝試しに夜行ったりするからお化け屋敷のような負のイメージが生じるのであって、廃墟は昼間に見に行くべきものです。明るくないと見えないじゃないですか!?

2. 廃墟趣味のシリアスな意義

そうした廃墟のうちで日本一美しいとも言われるのは長崎県の端島、通称「軍艦島」です。昔炭鉱のあった小さな無人島ですが、最盛期には鉱夫とその家族約5千人が住んでいました。国内最古の鉄筋高層住宅群がひしめくように立ち並んでいて、B'zのミュージックビデオや、『007 スカイフォール』の舞台にも使われたこともあるカッコイイ廃墟です。

それが2015年に世界遺産に登録された時にはマスコミにも大きく取り上げられました。そこからは、廃墟趣味は単なる美的な「趣味」に留まらない社会的な意義ももっているのがわかります。近代産業文明の発展を支えた過去の記憶を文字通り「遺産」として保存することは、そこに生きていた人々とその暮らしの喪失・忘却を防ぐことにつながっている、というわけです。いまや軍艦島には多くの人々が訪れるようになりました。観光船の航路や島内の遊歩道が整備され、元住民たちの有志で作ったNPOがそのガイドを担っています。かつて物質的に炭鉱としても精神的に故郷としても放棄された島は、観光地としてあらたに蘇ったのです。

3. 近い過去からの疎外感としての「廃墟の思い出」

過去の記憶や痕跡の収集、というのは、廃墟趣味の入口となる美意識なのかもしれません。廃墟愛好家の栗原亨によれば、最初は心霊スポット巡りの延長線上で楽しんでいた廃墟探検だったが、ある時訪れた廃校の写真を撮っているうちに、「ここで暮らしていた子供たちはどうなっただろう…想像をめぐらせたとき、怖いという感情はなくなり、逆に感傷的な感情が芽生えてきた」のだ

そうです（栗原亨 2002『廃墟の歩き方 探索篇』イースト・プレス）。

　だとすれば、美的趣味の対象となる廃墟が意外と新しいものであることにも納得がいきます。実は、たいていの廃墟は古くてもせいぜい近代以降、むしろここ数十年以内のものが大半です。たとえば、姫路城は廃墟とは見なされません。むしろ「遺跡」という扱いになるのでしょうか（だから、ラピュタそのものよりは、廃墟っぽいのはパズーの家の方です）。あまり遠い過去のことは想像しようにもなかなか想像しきれませんが、暮らしていた人々の生活感や生身の息づかいができるだけ当時のままの姿をとどめている方が、鮮やかな思い出を蘇らせてくれるのかもしれません。

　ただ奇妙なのは、そうやって過去を蘇らせようとする愛好家たちは、たいていの場合、その廃墟とまったくかかわりがない部外者だということです。「失われてしまったものへの哀惜」の情が語られるとはいえ、そもそももとからもっていなかったものにノスタルジーやセンチメンタリズムは生じるのでしょうか。この変な喪失感、というより疎外感というべきものにおいて、過去は現在と「近い」にもかかわらずつながってはいません。

4. 探索と発見の快楽

　これはおそらく、廃墟趣味がある種のワクワク感の追求だったからかもしれません。入ってはいけないと言われている廃屋が子どもたちの探検の舞台となったりするのは、『トム・ソーヤの冒険』をはじめとする児童文学の定番的設定ともいえます。この「入ってはいけない」場所に土足で踏み込むことの後ろめたさ、あるいは隠された喜びは、肝試しや暴走族のたまり場的な快楽にも転化しうる点で廃墟趣味とも根っこは同じなのかもしれません。ただ、そこから得られるのは、廃墟やその記憶から疎外されているからこその快楽です。疎外されていないとこの喜びは味わえません。

　一方で、疎外されていない人たちは、実際にその廃墟となった物件の持ち主たち、かつてそこに住んでいた当事者たちです。廃墟の記憶が自分や家族の切実な思い出（場合によってはトラウマ）とつながっている彼らにとっては、興味本

位な探索は不謹慎で不快にほかなりません。記憶の保存は切実な問題です。だから、文化遺産化の試みですら、軽薄な商業主義と消費者中心主義によって記憶をゆがめる「**観光化**」として抑圧的に作用するかもしれない可能性に注意すべきだということになります。廃墟趣味が記憶の保存という有意義な社会的活動になるためには、遊び半分ではなく真剣に行われなければならないのです。

それに対して、廃墟愛好家たちには後ろめたい疎外感ゆえに、当事者ではない観光客として、ある意味当事者以上にその記憶を保存してしまう可能性があります。当事者からすれば不謹慎かもしれませんが、よそ者が土足で入り込んできた時に当事者だけが抱いていたはずのその感情を、廃墟の観光客はよそ者なりに後ろめたく感じながら観光することになります。その時、保存されるべき記憶は、少数の当事者を超えて、多数の人間全体のあいだで語り継がれるのかもしれません。

公式に認めてもらいたいが認めてもらえない悪趣味［≫卒論18］であるがゆえに、廃墟趣味は文化遺産化などにはなじみません。でも**サブカルチャー**でしかない廃墟趣味の良心が現れるとすればそこにおいてこそではないでしょうか。現代日本の廃墟ブームは、その不謹慎さをこそ評価し、**考現学**的思考の遺産として登録すべきように思います。

(有田　亘)

授業コメント 💬 🤍

 A：『スタンド・バイ・ミー』的な懐かしさと言ったらよいのでしょうか？ 廃墟探検してたら死体を見つけてしまう…とかロマンですね。実際には線路脇だったと思うけど。廃墟で見つけてほしかった。

 B：『アルプスの少女ハイジ』の冬の家 (アルムの山小屋じゃない方) も、おじいさんが廃墟を修理して作ったんですよね！

 C：たいていの廃墟は立ち入り禁止です。不法侵入！

 D：ちゃんと許可とって行けば正しいフィールドワークになるのでは？ 壊れて危ない個所もあるから万全の対策した上で。

 E：和歌山県の友ヶ島とか、公園になってる廃墟なら入れる！ 兵庫県の摩耶観光ホテルの見学ツアーに申し込むとか！

恋愛関係と出会いの文化

 ## 1.「恋愛結婚」の成立

恋人同士の関係のような親密性のあり方とは、時代や社会によって変わり得るものです。本章では、恋愛の行動様式の歴史的な流れと、現代の恋愛とその出会いの特徴について確認してみましょう。

戦後の日本社会において「恋愛」は、結婚と分かちがたく結びついていました。いわゆる「見合い結婚」に代わって、恋愛関係を経てから結婚に至るという「恋愛結婚」が優勢になったのは 1960 年代後半以降のことでした。戦後すぐに憲法や民法が改正され、一家の長である戸主が家族を統率する「**家制度**」(**直系家族制**) が廃止されます。そして、同一の戸籍に登録されるのは夫婦とその子の２代まで (**三代戸籍の禁止**) という**夫婦家族制**が確立されました。結婚相手を選ぶ (専門用語では**配偶者選択**といいます) 過程は、家柄の釣り合い等を重視する家同士の結びつきに基づくものから、当事者同士に委ねられ、個人化していきました。この移行は、配偶者選択の**階層構造**からの切り離しを意味します。

新しい形態である恋愛結婚では、たった一人の運命の相手と愛し合った末に結婚し、子どもを産み育てることが想定されていました。つまり、愛情の伴わない結婚、婚姻外の性行為、婚外子、結婚後子どもを作らないことなどは、どこか不自然で、非難の対象にさえなったのです。このような愛と結婚と生殖は結びつかなければいけないという**規範**のことを**ロマンティックラブ・イデオロギー**といいます (規範とは、社会のなかで多くの人が守るべきものとされるルールのことです)。

2. 恋愛と結婚の分離

実は、見合い結婚から恋愛結婚への移行期における「恋愛」と、現在の「恋

愛」は、同じ恋愛という呼び方がなされているとはいえ、その意味合いは大きく異なります。当時の恋愛は、結婚相手を選ぶこととほぼイコールだったからです。恋愛結婚が多数派になると、少しずつ恋愛と結婚が分離し始め、恋愛の自由が拡大していきます。そして、さまざまな理由によって「別れ」が選択されるなど、恋愛のゴールは必ずしも結婚ではなくなりました。結婚から切り離された恋愛の文化は、1980年代の高度消費社会化と重なり、恋人たちのデートがドライブやカラオケ、おしゃれなレストラン、ファッションなどと結びつき大いに盛り上がりを見せるようになります。恋愛とは、**消費社会**を経験するひとつのやり方でもあったのです。1990年代以降は、若い人たちの恋人がいる割合や性交渉経験率が増加しました。

　しかし、2000年代以降、とくに性交渉経験率が減少するようになります（国立社会保障・人口問題研究所 2021『第16回出生動向基本調査報告書』）。異性の親友がいる割合や、いわゆる「ふたまた」などの複数の相手との同時期における恋愛交際経験率も減少し、交際の範囲も縮小しているのです。さらに恋愛が日常化するなかで、恋愛に対してさほど非日常性を求めなくなり、それよりも恋人と安定した関係を築く上で必要となる要素が重視されるようになりました（木村絵里子 2016「「情熱」から「関係性」を重視する恋愛へ」藤村正之・浅野智彦・羽渕一代編『現代若者の幸福』恒星社厚生閣）。

3.　出会いの文化

　一方、出会いの文化においても大きな変化が見られています。戦後、結婚相手（その前段階にある恋愛の相手）との出会いは、主に職場であり、「**職縁結婚**」が主流でしたが、雇用の流動性が高まり、また、長時間勤務のため、職縁結婚は大きく減少しました（岩澤美帆・三田房美 2005「職縁結婚の盛衰と未婚化の進展」『日本労働研究雑誌』47（1））。さらに若者文化の一つでもあった「合コン」の経験率も急激に減少しています。2005年には大学生の約4割が合コンに参加した経験がありましたが、2017年ではわずか1割です（羽渕一代 2022「出会いの文化の変遷」林雄亮ほか編『若者の性の現在地』勁草書房）。

青少年研究会が2022年に行った調査によると、全国の16 〜 29歳の独身者の恋人との出会いの場やきっかけは、学校：39.3％、職場や仕事の関係：22.0％、マッチングアプリ：13.1％、友人・知人の紹介：10.7％、SNS：9.5％、結婚相談所：0.5％、その他：2.4％となっています。学校や職場、友人・知人の紹介などをきっかけとした出会いは、既存の社会的ネットワークの内側にあり、こうした社会的ネットワークでは、同質的な、つまり似た者同士によるコミュニティが形成されています（似た者同士による結婚は、「**同類婚**」と呼ばれます）。

　一方、「マッチングアプリ」や「SNS」、「結婚相談所」などは、社会的ネットワークの外側にある出会いとして位置づけられます。さらに、これらは自然、あるいは偶然の出会いを通して恋愛や結婚相手にめぐり会うのではなく、「**婚活**（結婚相手を見つけるための活動）」のように、恋愛や結婚をしたいという思いが先にあり、そのための相手を探すというように、恋愛や結婚が自己目的化されています。若年層のソーシャルメディア利用率の高さに鑑みるならば、今後「マッチングアプリ」による出会いは増加することが予想されます。

▓▓▓ 4. 恋愛関係のゆくえ

　社会学者のアンソニー・ギデンズは、現代的な恋愛関係に対して「**純粋な関係性**」に基づく「**コンフルエント・ラブ**」である可能性を見出しています（1995 松尾靖文・松川昭子訳『親密性の変容』而立書房）。純粋な関係性とは、互いに相手との結びつきから得られるもののために、互いに相手との関係を続けたいと思うかぎりにおいて継続される関係のことです。「好きだから一緒にいたい」という純粋な想いによって成立しています。こうした想いによって取り結ばれる関係は、1節で確認した愛・結婚・生殖の三位一体によって特徴づけられるロマンティック・ラブのように経済や法などの外的な要素によって保証されるものではありません。どちらか一方が「別れたい」と告げればそこで二人の関係が終わってしまうという、とても不安定なものなのです。

　では、このような「純粋な関係性」としての恋愛関係において、マッチングアプリをきっかけとした出会いは、恋人たちの関係の継続性に良い影響を与え

るのでしょうか。残念ながらその答えは否です。マッチングアプリは、社会的なネットワークと結びつく空間と場所からの解放を可能にしながらも、その実、既知の人間関係には回収されない異質な他者が多数集う都市空間を必要とします。そして、マッチングの際には、個々人に紐づけられているデータ化された「スペック」に基づき手繰り寄せられます。多くの場合、男性は「収入、学歴、職業」など、女性は「外見」などの「性的魅力」というように、求められるスペックには男女間で違いがあり、**ジェンダーの非対称性**が確認されます。

そもそも配偶者選択が階層構造から切り離され、競争的な側面を備えた結婚市場が誕生した時に、このようなスペックが重要視されるという「**愛の大転換**」が起こりましたが、マッチングアプリという技術は、その重要性をさらに高め、条件の合わない人をあらかじめ排除できるという合理的な出会いを可能にしました (Illouz, Eva., 2012, *Why love hurts*, Polity)。

しかし、選択可能な相手の範囲が著しく拡大することによって、逆に選択を確定するまでのプロセスがより長く、より複雑になっていきます。さらに、パートナー選択の可能性の広がりは、「**もっといい人がいるかもしれない症候群**」(山田昌弘 1996『結婚の社会学』丸善ライブラリー)を増加させ、「今の恋人よりももっといい人がいるのでは？」「別れたほうが良いのでは？」と、恋人たちの関係に対して、度々再帰的な問い直しを迫ることになるのです。

(木村　絵里子)

h 授業コメント　💬　♡

A：既存の社会的ネットワークの内側の「自然な出会い」のほうが互いのことをよく知った上でのお付き合いになるし、長く続くのかもしれません。

B：軽いお付き合いをたくさんしたい人にとっては、マッチングアプリは最適なツールということだよね (笑)。

CHAPTER 12

家族は仲良くなければ
いけないのか

 1. 家族の社会的イメージ

　あなたは「家族」について、どのようなイメージを抱いていますか。家族社会学の最初の授業で、私はいつも学生にこう問いかけています。その回答には、血がつながっていることや法的な関係にあること、家族構成など、さまざまなものがみられますが、とくに「自分に何があっても味方でいてくれる存在」、「一緒に笑ったり泣いたり怒ったり感情を素直に表現できる相手」という回答が目立ちます。家族とは強い精神的な絆で結ばれたものなのだというイメージが、多くの人のなかで共有されているようです。

　実際、ある調査データによれば、大切な人間関係として「家族」を選ぶ割合が、親戚や地域の人、友人をおさえて突出して高くなっており、互いに協力し愛情を育むことが家族の重要な役割であると考えられています（内閣府 2013「家族と地域における子育てに関する意識調査」）。

　ただし、このような愛情で結ばれた家族の姿とは、人類にとって不変でも普遍なものでもありません。実は、「近代」以降に形成された比較的新しい姿なのです（「近代」がいつからなのかということについてはさまざまな議論があります。ただ、以下の「近代家族」が多くの人々の家族像として定着するのは、日本社会の場合、戦後の高度経済成長期以降のことです）。

　では、それ以前はどうだったのでしょうか。端的にいって人々は、「（農村）**共同体**」のなかで生きており、労働や経済的な生産活動だけでなく、子どもを産み、育てるということまでもが共同体という単位で行われていました。つまり、現在のように家族の結びつきが独立しておらず、夫婦および親子のあいだには必ずしも「愛情という絆」があると考えられていたわけではなかったのです。

●●● 2. 近代家族の成立

　近代以降に形成された新しい家族のあり方を、社会学では、それ以前と区別するために「**近代家族**」と呼んでいます。近代家族の特徴としては、①**公共領域**と**家内領域**との分離、②家族構成員相互の強い情緒的関係、③子ども中心主義、④男は公共領域・女は家内領域という性別分業、⑤家族の集団性の強化、⑥社交の衰退とプライバシーの成立、⑦非親族の排除、⑧核家族（ただし祖父母との同居も含む）があげられます（落合恵美子 [1994] 2019『21世紀家族へ [第4版]』有斐閣）。一見するとこれらの条件は、ふつうの、ごく一般的な家族のように思えます。しかし、先述したようにこれらは新しい家族のカタチなのです。

　近代家族とあるように、この家族のあり方は**産業化**や**都市化**という大きな社会変動と深くかかわっています。とくに都市では、労働する場と生活する場が切り離されるという**職住分離**が進みました。たとえば現在のサラリーマンのように、稼ぎ手は毎日家から遠く離れた会社に通勤し、労働するようになったのです [》「働くこと」については第13・30章]。この時、生活する場としての家族の領域が、それ以外の社会関係（共同体や親族、労働など）とは異なるプライバシーの領域へと変質していきました。公共領域における**市場労働**は主に男性が担い、家内領域における家事労働は主に女性が担うという**性別役割分業**も、ここから始まります。逆に、女性は市場労働の場から、男性は育児・家事労働の場から締め出されたという風にもいえるでしょう。

　効率性を重視する公共領域がどこか冷酷な人間関係を代表する場となったのに対して、家内領域は疲れを癒したり、笑いあったりと「一家団欒」がなされる温かい人間関係が築かれる場であるという認識が広がりました。「愛情」や「楽しさ」、「思いやり」という感情が、すべてプライベートな営みのなかに放り込まれ、とりわけ家族はこうした情緒的関係によって結ばれているという見方が成立したのです。

　以上の経緯によって、愛情に満ちた仲の良い家族というイメージが多くの人々にとって大変好ましいものとして受け止められているといえます。

3.「仲良し家族」という規範を疑う

　ただし、これが社会的な**規範**［》》第11章］と結びついてしまうと非常に厄介なものになります。「仲良し家族」という微笑ましい家族像が「家族とはこうあるべきだ（はずだ）」という**家族規範**と結合すると、そのイメージにそぐわない家族に対する否定的な価値づけや偏見のまなざしが作り出されることにつながるからです。

　また、このような家族規範は、家族のなかでなんらかの問題が生じた時、たとえば**ドメスティック・バイオレンス**（以下 DV）が生じた時に、その問題を外側から見えにくくさせることがあります。DV とは、配偶者（元配偶者や婚姻届を出していないいわゆる「事実婚」も含む）や恋人などの親密な関係のなかで起こる身体的・精神的・性的暴力のことです。多くの場合、男性が女性に振るう暴力が問題視されますが、近年では、女性が男性に振るう暴力についても注目が集まっています。2001 年に「DV 防止法」（配偶者からの暴力の防止及び被害者の保護に関する法律）が制定されたことにより、DV という言葉は広く知られるようになりました。

　DV は、「ふつうの家族であれば愛情で結ばれているはずだ」、「ふつうの家族であれば仲が良いはずだ」という規範が広く行き渡ったことによって、ずっと昔から当たり前のように存在していた殴るなどの行為が「暴力」として問題化されたのですが（高井葉子 2000「ドメスティック・バイオレンスの社会問題化とエシックス」『ジェンダー・エシックスと社会福祉』ミネルヴァ書房）、一方でこの規範があるからこそ、問題が表面化しにくいという特徴があります。

　とくに妻・母は、家族のメンバーを束ね、それぞれの人間関係を調整するという役割を担っています。そのため、暴力をなんとか自分の責任で解決しようと試みたり、みずからが我慢をすることによってやりすごそうとしたり、自分自身に非があると思い込んでしまう傾向があります。暴力を我慢し、限界に近い状況にまで追いつめられた後、やっと第三者やシェルターに相談する場合が多くみられるのも、「ふつうの家族であれば仲が良いはずだ」という家族規範に縛られているからなのです。

もちろん家族の問題は、DVだけに限りませんし、家族規範もほかにもさまざまなものがあります。あなた自身が家族に対してなんらかの息苦しさを感じることがあったなら、その思いがどこからくるのか、もしかしたら家族規範に縛られているのではないかということをぜひ考えてみてほしいと思います。時には「ふつうの家族らしくない家族」の姿を認めることが問題の解決につながることもあるのです。

（木村　絵里子）

ｈ 授業コメント　💬　♡

A：家族規範は、ほかにもいろいろあると思います。「イクメン」（家事や育児を積極的に行う男性）という言葉もあるけれど、うちでは家事のほとんどを母親がやっているし、これも高度経済成長期に形成された性別役割分業の名残りなのかもしれません。

　B：僕の両親も共働きだけれど、家事はやっぱり母親が中心。父親は少し手伝うだけ。共働きであるにもかかわらず、女性には家庭のなかでいまだ近代家族の「専業主婦」としての役割が求められたままなのかな。

　C：日本の男性が家事や子育てに費やす時間は、先進国のなかで最低水準にあるという調査データもあるみたい。

B：育児は女性がするものだという考え方もいまだ根強く残っている。子どもにとって母親の愛情に勝るものはない、なんて言い方もよく聞きます。

　C：でも、きっと男性のなかにも家事や育児に専念したり、もっと積極的に子育てに参加したい人だってたくさんいるはずなのに。

　A：ただ、男性には「一家の大黒柱」としてしっかりと働かなくちゃいけないという風潮があります。こうしたことも、家族に関するさまざまな決まりごと、つまり家族規範と深くかかわっているんですね。

「好き」を仕事にする

 ## 1.「好き」を仕事にする、とは

　突然ですが、みなさんの「好きなこと」はなんでしょう。スポーツ、料理、ゲーム、マンガ、Instagram、YouTube…。では、今、頭のなかに浮かんでいる「好きなこと」を、みなさんは仕事にしたいと思うでしょうか。求人広告では「好きなことを仕事に」といったキャッチフレーズがよく用いられています。このようなフレーズをみなさんも一度は聞いたことがあるのではないでしょうか。この本を読んでいるみなさんのなかには「マンガを描くことが好きだからマンガ家を目指す」という人もいるかもしれません。「好きなこと」に携わる仕事ができれば、楽しく長く働くことができると考える人もいるでしょう。

　反対に、働くことについて考えた時、みなさんはそれをしんどいことやつらいことだと考えるでしょうか。コンビニエンスストアで、クレームの対応をすること。ファストフードの閉店作業で、掃除をすること。それよりは、「好きなこと」を仕事にしたい。趣味で描いていたマンガが売れないだろうか…。このような気持ちになるかもしれません。

　しかし、これからみなさんが生きていくなかで、「好き」を仕事にしようとすると直面する問題がいくつかあります。この章では、みなさんが一度は想像したことがある「好き」を仕事にする、について一緒に考えていきましょう。

 ## 2.「好き」を仕事にして、社会は成り立つか

　そもそも、皆が個々に「好き」を仕事にすることは可能なのでしょうか。歌が好きな人は歌手になれる、野球選手になりたい人は野球選手になれる、ゲームが好きな人はクリエイターになれる…。おそらく、ちょっと想像すればわかるように、そのような社会は成り立ちません。たとえば、日本のプロ野球球団

と契約できる選手は一球団あたり最大70名と決められています（NPB）。多くの大人が小学生のころの夢をどこかで諦めて、別の仕事に就いています［体育会系のシューカツについては ≫≫第4章］。

　そもそも、多くの人は雇い主に雇われて賃金を得ています。その雇い主は世の中（社会）のニーズを満たすことで、利益を受け取り、その一部を労働者に賃金として支払います。そのため、「好き」「嫌い」にかかわらず、雇い主に雇われてやらねばならない仕事があるのです。たとえば、介護の仕事について考えてみましょう。2023年現在、4人に1人が65歳以上です。日本社会は今後も「高齢化」が続きます。ですので、しばらく高齢化に対応した仕事が減ることはないでしょう。高齢化すると、介護の仕事は「したい」「したくない」にかかわらず、必要となります。介護の仕事に就くことは、高齢者のためのみならず、社会の必要を満たすことでもあります。

　私たちは「好き」か「嫌い」かに関係なく必要とされていることをしなければ、賃金を得ることができず、さらには社会も維持できません。そのため、社会で「働く」ことには、一定のルールが定められています。みなさんは**最低賃金**が決められていることを知っているでしょうか。最低賃金とは、法律に基づき、国が定めた最低額のことです。雇い主は、その最低賃金額以上の賃金を労働者に支払わなければなりません。各都道府県で決められており、最低限の生活を営むことができるように設定されています。また、**労働時間の上限も決**められています。1日につき8時間、1週間につき40時間を超えて働かせてはいけません。ただし、残業や休日労働を行う場合の手続を定めれば（三六協定）、雇い主は労働者を働かせることができます。このような**ルール**によって、私たちは「働く」ことができているのです。

●●● 3. でも好きな仕事がしたい！

　2節では、多くの人にとって「好き」を仕事にすることが難しいことを示してきました。けれども、それでも自分は「好き」を仕事にする！ と考えている人はいるでしょう。もちろん、夢を叶えることは自由になされるべきことです

[》具体的な職業選択のありようは第30章]。しかし、その時にいくつかのことを考えておく必要があります。

　1点目は、その気持ちが**長時間労働**を引き起こしかねない点です。たとえば、バイク便ライダーを研究した阿部真大は、バイクを趣味とするバイク便ライダーが長時間労働になっていく様子を描いています（阿部真大 2006『搾取される若者たち』集英社新書）。また、「子どものために」と働く教員が長時間労働になりがちであることも報告されています（教育文化総合研究所 2017『教職員の自己規制と多忙化研究委員会報告書』）。「好きなこと」を長時間することは、本人にとっても雇い主にとっても良いことのように思えます。しかし、その状況が続けば、生活習慣病やうつ病などの身体的・精神的な問題を引き起こしかねません。「好き」という気持ちが強すぎるために、前節で指摘した仕事に関するルールを無視し、最終的に自分をもしんどくしてしまいかねないのです。

　2点目に、「好き」なことがなんらかの理由でできなくなってしまう時のことです。たとえば、男子小学生が「なりたい」と答える野球選手ですが、彼らはいつ引退するのでしょうか。2022年日本プロ野球における戦力外／現役引退選手の平均年齢は27.8歳です（NPB調べ）。つまり、彼らはあと30年以上別の仕事をして生きていかねばなりません。しかし、野球選手は小さい頃から野球のみに力を注いできた人が多く、引退後、野球以外のことで収入を得ることが難しくなります。極端な例ではありますが、「好き」であるためにほかの選択が目に入ってこないことがありうるのです。

　これら2点のことからわかるのは、当たり前ではありますが「好き」を仕事にすれば必ず「楽しく長く働くことができる」とは限らないということです。ネガティブなことばかりを指摘してきましたが、自分だけでなく、まわりに目を向けてみましょう。他者も含めて皆が良いと思うルールや働き方を模索することが、かえってみずからの働き方をも良いものにすることにつながるのです。

●●● 4. 仕事を通じて他者とつながる

「好き」を仕事にするというフレーズから、私たちが生きている社会につい

て考えてきました。もちろん「嫌い」なことを続けるよりは、「好き」を仕事にする方が個々人にとって気持ちよく働けるでしょう。とはいえ、2節でみてきたように、「好き」を仕事にすることだけでは社会は成り立ちません。私たちは誰かがその仕事をしてくれなければ生活を営むことが困難になるほどに、仕事を介して他者とつながっています。コロナ禍でも医療関係者や運送業従事者は感染リスクを負って仕事をしていました。それぞれができる仕事を行い社会を維持しているからこそ、皆が気持ちよく働けるルールが必要なのです。

　加えて、私たちは「好き」を仕事にすることが「楽しく長く働く」こととつながるとは限らないこともみてきました。「好き」を仕事にしようと考えることも重要ですが、たまたま応募して働くことになった仕事先で、あらたな出会いやつながり、経験を得ることもあるでしょう。このように、私たちは「働く」ことを通じて、知らず知らずのあいだに、法律、制度、他者とつながっているのです。

（妹尾　麻美）

h 授業コメント　💬　♡

👤 **A：**高校時代の「キャリア教育」で自分のやりたいことを見つけなさいと言われました。でも、「好きなこと」や「やりたいこと」をして生きていける人はそんなに多くないことを知って、少しほっとしました。

👤 **B：**それでも、会社で働きたくありません。

　👤 **C：**僕のお兄ちゃんは、いま家でフリーランスの仕事をしてるよ。もしかしたらサラリーマン以外の働き方もあるかもよ。

👤 **D：**まわりの働いている大人は、みんな仕事が大変そうなんだけど…

　👤 **E：**日本は、「ジョブ型雇用」ではなく「メンバーシップ型雇用」だと聞いたことがあるわ（濱口桂一郎の一連の著作）。

👤 **D：**それってどう違うの？

　👤 **E：**…。もっと、働き方やそのしくみも勉強していかなくちゃね。

サブリミナル効果が実在
しないとわかってからの顛末

 1. 発端：ヴィカリーの実験

みなさんは「**サブリミナル効果**」を知っていますか？ 人間が知覚できる限界より下 (sub-liminal) の潜在的な刺激によって生じる心理的効果のことなのですが、知覚できない以上はないも同じなわけで、効果が生じるなんて変な話ですよね。

ところが、1957年に**ジェイムズ・ヴィカリー**が行った実験は世間の注目を集めました。映画のなかで「ポップコーンを食べろ」「コーラを飲め」という文字を5分ごとに3000分の1秒ずつスクリーンにフラッシュさせたところ、コーラが18％、ポップコーンは58％も売上が伸びた、というのです。

もしそれが本当なら、知らないあいだに人を自在に操って物を買わせたりできる、ということになります。この影響は大きく、懸念した全米放送事業者連盟が翌年早々にサブリミナル広告を禁止したほどでした。しかし多くの専門家が再現実験を試みたものの、同じ現象は観察されず、みんなが首をひねっていたところ、1962年になってヴィカリーが衝撃の告白をしました。あの実験はまったくの作り話だった、と。

そういうわけで、サブリミナル効果は最初からそもそも実在しないガセネタだったわけです。が、そんな話をなぜこの章ではわざわざ取り上げるのかというと、その先があるからです。妙に人々に期待をもたせるような（森津太子 1999「サブリミナル効果をめぐる社会問題」『サブリミナル効果の科学』学文社）。

 2. 展開：キイの告発本

ヴィカリーの騒動から約10年、世間が忘れかけた1974年になって、突然、

連邦通信委員会 (FCC) がサブリミナル広告を禁止します。今度は業界団体ではなく国による規制です。それにしても嘘だとわかっているはずのものをなぜ後になって禁止したのでしょう？ 実は、とあるゲームのテレビ CM に「これを買え」というサブリミナルメッセージが入っている、という苦情が来たのです。それを受けて FCC は、「効果のあるなしにかかわらず、そのような広告は視聴者を騙すことを意図している」という理由で規制を決めました。学問的な白黒を政府がつける立場にはないが、それはともかく、ワザと誤解を招くのはいけない、というわけです。でも国のこの判断に色めき立った人々はいたはずです。

　そもそも上記のクレームは、その前年に出版された**ウィルソン・ブライアン・キイ**の『潜在意識の誘惑』に影響されたものでした。それはいわゆる「告発本」の一種で、さまざまな商業広告にはサブリミナル効果を利用して人々の潜在意識を操るしかけがあることに警鐘を鳴らしていました。次いでキイは 1976 年に発表した『メディア・セックス』で一大ベストセラーを獲得します。扇情的なタイトルの通り、その本のなかでは、リッツクラッカーの表面には「SEX」という文字が刻まれており、その性的刺激で購買意欲をそそっている、といった主張が展開されていました。

　とはいえ結局、キイとその著作のブームは一過性のものに終わりました。口絵に掲載された証拠写真？（図14-1）をはじめとするあまりのこじつけに、それが「トンデモ本」であったことは誰の目にも明らかだったからです。

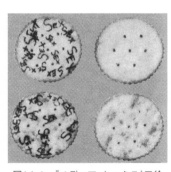

図14-1 『メディア・セックス』口絵

 ## 3. 日本での展開

　日本でもキイの本は 80 年代末に翻訳されて、やはり一時の話題になりましたが、サブリミナル効果が規制されるようになったのはそのブームも冷めた頃、1995 年のことです。『シティーハンター』という人気アニメのなかにオウム真理教という新興宗教団体の教祖の顔写真が 1 コマだけ挿入されていたのが、怪

しげなマインドコントロールなのではないかと問題視されたのです。オウム真理教はその2ヵ月前に、東京の地下鉄に毒ガスを散布し多数の死傷者を出す大きなテロ事件を起こしたばかりでした。これをきっかけに日本の放送業界もFCCと同様の判断を下し、「視聴者が感知できない」点で「公正でない」映像の使用は「放送に適さない」と基準を改めたのです。

　ただ、やはりと言うべきか、ほどなくして問題のシーンはオタク的なアニメ業界にありがちな「おふざけ」であったことが判明します。それはちょうど一般家庭にビデオデッキが普及した頃の、録画した番組を巻き戻しやコマ送りして見ることができるようになったがゆえの一喜一憂でした。同様の不謹慎なイタズラは他にもいろいろ見つかって、2000年以降に進んだDVD化の際などには訂正されるように（また訂正させようと間違い探しに血道を上げる人が現れるようにも）なりました。

　このこと自体は、社会学の一分野である**メディア論**的に興味深い現象です［》第1、2章］。時代や社会によって、われわれのテレビ視聴のしかたはいろいろあるのだ、ということを教えてくれるからです。しかしくり返しますが、サブリミナル効果があった、ということには全然なりません。

■■■■　4. 心理学的な展開

　とはいえ、ここで非常に間が悪く聞こえかねないことをお断りしておく必要があります。心理学的には、サブリミナル効果は実在します。1980年にクンスト・ウィルソンとロバート・ザイアンスが行った次の実験などがその典型です。

　被験者にある八角形をサブリミナル呈示（1/1000秒）したあと、その八角形と別の八角形の2つを被験者に見せ、どちらが好きかをたずねた。結果、サブリミナル呈示した八角形の方を好きだと答える確率（60%）の方が高かった…。

　つまり、知覚できていないはずの刺激にもかかわらず、人間は見覚えのある方に反応して選び取りやすい、ということです。この性質はBGMや、選挙運動（候補者名連呼）に応用可能とのことですが、これを聞いてみなさんはどう思われましたか？　ヴィカリーの実験やキイの本に書かれているような、無意識に

人間を操るとかいうのとは全然イメージが違うのではないでしょうか？

　しかしこれが、学問的に確証されている本物のサブリミナル効果です。ヴィカリーやキイの言う意味でのサブリミナル効果の方が華々しいですが、通俗的なニセモノにすぎません。何度もくり返しますが、正解は次の通りです。

■■■■
■■■■　5. 展開のはての結末

　「心理学的サブリミナル効果」は実在する。だが、かなり限定された効果しかない。その一方で、**「通俗的サブリミナル効果」**はない。潜在意識に働きかけて人間を自由自在に操れるわけではまったくない。

　にもかかわらず、以上のような話を私が授業でした後で（この章を読んだ後も？）、学生たちにありがちだったのは、章末に示したような授業コメントでした。正直、人の話を聞いてくれないのにも程がある、と思いました。

　しかしそれらから読み取れるのは、嘘なのにそうまでして認めたくないほどニセモノの方が魅力的だということです。そしてこの魅力こそがサブリミナル効果の本質で、だからこそヴィカリーから半世紀以上経ってなお、それはさまざまに形を変えてくり返し現れてくるのかもしれないということです。これは人間心理よりは人間社会のしくみの考察につながる問題です。**カウンターナレッジ**の章 [》第18章] ではそれを掘り下げてみることにしましょう。　　　　　（有田　亘）

h 授業コメント　　💬　　♡

A：サブリミナル効果がないとわかって、なんかがっかりしました。

B：この授業ではじめてサブリミナル効果というものを教わって、その効果はあると思いました！

C：もしもサブリミナル効果があるとすれば、恐ろしいことだと思う。（傍点著者）

D：最初のヴィカリーの実験の話はよくわかったのですが、あとはよくわかりませんでした。もっと上手に説明してください。サブリミナル効果って恐いですね！

それでもファンは
アイドルを求める

1. スターからアイドルへ

みなさんは、アイドルファンについてどう思いますか？ 現在では、生身の男性アイドルや女性アイドルはもちろん、「2次元」のアイドルアニメも人気です。自分が「興味ない」という人も、友だちや知りあいなどにアイドルファンはいるのではないでしょうか。

メディア・コミュニケーションの研究では、送り手だけでなく**受け手**に注目する視点があります。本章では、アイドル自体というより、受け手としての**ファン**を中心に検討することで、メディア・コミュニケーションのひとつのあり方を考えていきます。

アイドルファンについて考える際に欠かせないのが、前史としての「**スター**」の存在です。映画が産業として発達したアメリカ社会において、スターは1960年代まで大衆が「**夢**」[》第17章]を投影させる存在でした（エドガー・モラン1957=1976『スター』法政大学出版局）。こうした状況は日本でも同じで、映画館に出かけて銀幕で「仰ぎ見る」対象であったのが映画スターでした。

これが、テレビが一般家庭に普及する60年代以降になると一変します。視聴者にとってテレビは、家庭で「流し見する」対象です。このメディア状況では、かつての「仰ぎ見る」対象であった映画スターとは違った関係が形成されます。

実際、テレビの時代が確立した70年代から90年代にかけて、スターという言葉自体があまり使われなくなっていき、代わりに「**アイドル**」という呼び方が一般的になりました。大衆の「夢」であった前時代のスターから、人々の「**理想**」である「アイドル」へと、ファンが求める対象が変化したのです。また、特に日本では、この時代のアイドル文化の形成に『明星』などの雑誌メディアも大きな役割を果たしました。

たとえば、テレビの成熟期である 1990 年代の代表的な男性アイドルとして
は、SMAP の木村拓哉（キムタク）があげられます。トレンディドラマで人気を
博したこの時期のキムタクは、疑似恋愛の相手、すなわち「理想の彼氏」とし
てファンに受容されていたといわれます。

●●●● 2. ファンの観察者化とアイドルの日常化

　2000 年代以降は、インターネットとデジタル技術の普及というメディアの大
きな変化が生じたとともに、かつてのような固定的な社会制度（政治から、家庭・
学校・職場まで）が流動化している状況です ［≫第 3 章］。
　こうした社会に適応したのでしょうか。90 年代までに主流であったみずからの
「理想」を追い求める「当事者」としてのアイドルファンから、00 年代以降は、
より「**現実**」に近くなったアイドルを「**観察者**」として眺めるファンが目立つよ
うになってきています（辻泉 2012「「観察者化」するファン」『アド・スタディーズ』40 号）。
　このことについて、もう少し説明しましょう。かつてのアイドルに関して
「疑似恋愛」的なファンのまなざしが成立するためには、その前提として「理
想」を抱くに足る確固とした自己や他者、恋愛のイメージが社会に共有されて
いる必要があります。しかし、多様な価値観がフラットに並列している現代で
は、こうした強固な「理想のアイドル」自体が成立せず、もう少し「引いて」
見る態度が一般化するのです。たとえば、嵐が「メンバー同士が仲良くするの
を見るのが楽しい」とファンに言われることには、こうした受け手の変化が典
型的に表れています。
　こうしたファンの態度に呼応するかのように、アイドルの方もより「日常化」
することになります。ここで少し補足しておくと、メディア論の考え方では、
こうした「送り手と受け手の関係」は**相互依存的**なので ［≫第 1 章］、どちらが
先ということは決められません ［≫アイドル誌と社会の関係については卒論 6］。
ともすると受け手は、送り手のメッセージを（文字通り）受け取るだけの存在と思
われがちですが、そんなことはありません。送り手の想定外の能動的なふるま
いを受け手が行うのは、メディアの歴史でしばしば見られることなのです。も

ちろん、そうした受け手の反応を送り手があらかじめ織り込むこともあります。

　さて、上記の図式をふまえて本題のアイドルに話を戻すと、ファンの観察者化は、アイドルの日常化と呼応して生じます。前節で見たように、映画的なスターからテレビ的なアイドルへと変化した時点で、ある程度は身近にはなっていました。それが現在では、さらに自分に近く、まさにファンの「日常」の風景のなかにいるようなアイドルが人気となっています。たとえば、「いつでも会いに行ける」劇場中心型から出発した AKB のようなアイドルや、「SNS で直接絡める（返事が来る）」地下アイドルは、その典型です［▶▶▶アイドルファンのコミュニケーションについては卒論 08］。

▓▓▓ 3. それでも「アイドル」を求める人々

　前節で述べてきたアイドルとファンの関係は、従来のアイドルたちが主に活躍してきた映画・音楽・テレビのみではなく、マンガ・アニメ・ゲームなどに登場する「2 次元」のキャラクター（をアイドルとして受容すること）にも共通しているように思えます。

　そもそも 00 年代以降のアニメ作品には、背景に実際の風景を登場させた上で、キャラクターの平凡な生活やコミュニケーションを描く「日常系」と呼ばれるジャンルがありました。そのなかで、キャラクターが歌と踊りというアイドル的要素を身につけていくストーリーをもつアニメが多く出てきました。また、キャラクターたちのダンスをファンが再現し、動画共有サイトにアップする動きもあります。このような例からは、ファンがアイドルを「いないかもしれないがいてほしいもの」と理解していることがわかります（岡本健 2016「あいどるたちのいるところ」『ユリイカ』「総特集☆アイドルアニメ」青土社）。

　こうした現在のアイドルとファンの関係は、「アイドル＝偶像」、「ファン＝熱狂」という意味を含む語源からすると、「非アイドル」「非ファン」ともいえるほど、**フラット化**した近い存在（アイドル≒ファン）となっているとも思えます。しかし、それとは反対の方向性も指摘できます。

　ヴァーチャル・アイドルとして有名な初音ミクは、2007 年に「VOCALOID2」

として世に出ました。もともとはヤマハ開発の音声開発技術に基づき、クリンプトン社が音声合成ソフトの第一弾「VOCALOID」を2004年に製品化しましたが、その時点での反響は限定的でした。その反省を活かし、開発者が「ポップな親しみやすさ」を前面に押し出したのが、アニメ的なキャラクターを付した初音ミクでした。この現象からは、人々が身体なき声の背後に「身体」を探し求めてしまうことがわかります (増田聡 2008「データベース、パクリ、初音ミク」『思想地図』1号)。つまり、音声技術に2次元のキャラクターをつけただけでなく、それを「アイドル」とすることによって、初音ミクは成功したわけです。

さらに、現在のアイドルファンには「リアコ」と呼ばれる人たちがいます。リアコは "リアルに恋している" の略語で、アイドルやキャラクターに恋愛感情を抱いていることを意味します。こうしたファンの感情の背景には、SNSで直接やり取りができる "距離の近さ" があるのかもしれません。その意味で「リアコ」も現代的なファンとアイドルの関係のひとつだといえます。

したがって、現在は、ファン (あるいは非ファン) が、「夢」や「理想」に近い古典的なアイドルから、親しみやすく関係性を楽しめる「現実」的なアイドル、ヴァーチャル・アイドル、さらに「日常」に近いローカルアイドルや地下アイドルまで、さまざまなアイドルを「自分からの距離」の違いによってモードを切り替えて接する、多元的な状況だといえます。こうした**多元性**のひとつのあり方が、文字通り「2次元」「3次元」と異なる次元にわたって展開されるアイドルでしょう。

（松井　広志）

h 授業コメント　💬　♡

A：映画的なスターからテレビ的なアイドルへ、さらにネット的な日常系アイドルへという流れは、大きな見取り図のようでわかりやすかったです。自分の好きなアイドルはたしかに「身近」に感じられる方がうれしい。SNS をしてるとなお良し。

B：たしかにそうした全体的な時代の変化も面白かったけど、私は、多元化した状況が印象に残りました。たしかに、アイドルはファンと「フラット」になったけど、けっしてアイドルはなくなるわけじゃなくって、私たちは2次元にすら「アイドル」性を求めてしまうというところは、実感があった。

ハーフタレントと
グローバルな「あるある話」

 1. ハーフタレントの遍在性／偏在性

　昨今、メディアでモデルやお笑い芸人といったハーフタレントが活躍するの
をよく目にします。本章では、ハーフタレントがくり出す「あるある話」に注
目することで、グローバル化や排外主義について考えてみたいと思います。

　ところで、あるある話とは何でしょうか。ある状況に直面したり、何かの
好みをもっていたり、あるいは、ジェンダーや障害といった特定の**社会的属性**
[》》卒論 13] をもっていると経験するような、思わず「あるある」と口から出
てしまうような現実味のある話のことです。外国人だと思われて英語でしゃべ
りかけられて困った。牛丼屋に行ったら何も聞かれずにスプーンを出された。
丁寧な敬語を使うと笑われた。全然得意じゃないのに、スポーツの試合で徹底
的にマークされた…。このような、いわば「ハーフあるある」を聞いたことは
多々あるのではないでしょうか。これらの例は、すべて「外見とのギャップ」
についてのあるある話ばかりですね。ところであなたは脳内にどのようなハー
フのイメージを描いていたでしょうか。バラエティ番組で活躍するお笑い芸人
の顔？　モデル業で活躍する欧米白人系のハーフの顔？　相対的に日本人の顔と
近しいとされるアジア系のハーフの顔を思い浮かべたでしょうか？

　ハーフタレントの姿も彼ら・彼女らがくり出すあるある話も、至る所で目に
しますし、耳に入ります。つまり、遍在的です。ですが、それらはどこか偏っ
てもいる、つまり、偏在的ではないでしょうか。ではなぜ、ハーフタレントは
あるある話をくり出すのでしょうか？

●●●● 2. あるある話の偏在性

　「全部ウソでした」。お笑い芸人コンビ・デニスの植野行雄は、ブラジルの
ルーツをもち、それをウリにしたネタによって一躍人気者となりました。そん
な彼が、2017年7月2日放送の「しくじり先生　俺みたいになるな」で冒頭
の言葉を発しました。「運動会の組体操でスフィンクスをやった」などのいく
つかのネタが完全にフィクションだと告白したのです。植野は興味深い発言を
しています。「自分が得たポジションを守りたいがゆえに、ウソをつくという
ことなんですよ」。相方の松下宣夫も証言しているように、バラエティ番組に
引っ張りだこになればなるほど「まだ他で出してないエピソードトークありま
すか？」とスタッフに尋ねられ、その期待に応えざるをえなくなり、ウソが生
まれたのだというのです。「ハーフでくくられる、そこの笑いは、自分に起き
たハーフのエピソードしか話せない」と植野が言うように、ハーフのお笑い芸
人はハーフだからこそ起こったおもしろおかしいエピソード、つまり、あるあ
る話をいつでも・どこでも求められる状況にあったというのです。皆さんは毎
日、バラエティ番組でウケるような笑える出来事に遭遇し続けることができる
でしょうか。彼らの場合は「ハーフだからこそ」という条件つきでそれを探し
出さねばなりませんでした。ハーフでなくても遭遇しうる面白い話など求めら
れていないのです。彼らはハーフタレントとしての期待に応え、芸能界での生
き残りをかけた努力の結果、ウソを生み出したといえます。いや、むしろウソ
をつかねばならない状況に追い込まれたのです。

　さらに興味深いことに、植野は「ハーフだけで漫才LIVEやると10組、ほ
ぼ全員同じネタ」「だからパターンも一緒なんです」とも語っています。つま
り、植野のような外見のギャップやみずからのルーツに関連したネタでなけれ
ば、あるある話は笑えるネタとして機能しないということです。笑えるあるあ
る話は、やはり偏っているといえます。

　番組では、ウソによって立ち位置を見失い、出演機会も減り、人の信頼まで
も失ったというエピソードがやや唐突に語られます。最後には「ウソは必ずボ
ロが出る。自分の人生もボロボロにする」という植野の反省の弁が述べられ、

ナレーションが「自分本位の行動はいつか身を滅ぼす。自分の行動を見直そう」
と続きます。

　ですが、常時大量生産であるある話をくり出さねばならないメディアの構造
に絡み取られるなかで、ウソをつかざるをえなくなってしまったといえます。
デニスたちが行動を見直したところで、問題の根本にあるメディアの構造は変
わりませんし、彼らにあるある話を尽きるほど喋らせ、楽しげに消費した視聴
者の欲望も変わらないのではないでしょうか [➤➤メディア上のメッセージについ
ては第1章と第18章]。

　植野の「自分が得たポジションを守りたいがゆえに、ウソをつくということ
なんですよ」という語りに出てくる「ポジション」という言葉に注目してみま
しょう。実は、植野のいう「ポジション」の問題は、彼だけの問題ではないの
です。たとえば、イギリスで生まれ育った「白人」ではない俳優・女優を目指
す若者たちも、その肌の色やルーツに基づいた偏見や差別によって「テロリス
トとその妻」といった役柄ばかりが回ってくる状況にあります (ニケシュ・シュク
ラ 2016 = 2019『よい移民』創元社)。国境をこえて人々が移動することが当たり前
となったグローバル化の時代に、「マジョリティ (多数派) にとって都合のいい
マイノリティ」としてのポジションの仕事ばかりが、マイノリティの若者に振
りわけられてしまう——そして、その「ポジション」を断ると仕事がこなくな
る——というグローバルな問題でもあるのです。

⠿ 3. 耳を傾けられないこと

　あるある話にはグローバルな社会の歪みやしくみ、介入すべきポイントが現
れているといえます。ですが、そういった声に耳を傾けられることは多くはあ
りません。前述の番組では、反省の弁とナレーションによって、それらの問題
をすくい取るチャンスが頓挫させられてしまいました。次に、2016年12月29
日に放送された「NEWSな2人 年末30分SP」という番組に注目してみましょ
う。この番組では、ハーフタレントたちが幼少期からの差別的体験を涙ながら
に語る場面がありました。つまり、あるある話が語られたわけですが、彼女た

ちが語り終えると、共演の日本人の男性タレント2名は「そういうことって、日本人でもあるんだよ」「僕の子どもも芸人の子ですからね、最悪ですわ」と述べました。このハーフタレントに向けられた言葉はバラエティ番組用の話芸にすぎないのかもしれません。ですが、こだわり過ぎ、過剰反応、よくあること、自然なことだと諭すように反論することで、涙ながらに発せられた社会への異議申し立ては抑圧されてしまったといえます。これらの言葉は、**日常の人種主義**（Everyday Racism）という、マジョリティの何気ない言動が、人種的マイノリティの排除や序列化につながる実践からさほど遠くはありません。笑えるあるある話は無害なものとしてマジョリティの日本人にスルーされてしまい、笑えないあるある話は封じ込められてしまうのです。

　それだけではありません。世界各国でも、現在の日本社会でも「外国人や外国にルーツをもつ者は出ていけ、国へ帰れ」といった荒々しい言葉が、SNSや路上で飛び交っています。これは**排外主義**と呼ばれるものです。たとえ長年住み続けていようが、あるいは、日本で生まれ育っていようが、マイノリティには時としてこうした言葉が投げつけられます。何かと理由をつけて従わせるために、マイノリティを都合のいい「ポジション」に押し込め、時に排除するような言動があふれる社会だからこそ、マイノリティの「あるある話」は生まれるのかもしれません。「あるある話」を次に聞いた時、あなたは笑うだけでしょうか。それとも…？

（ケイン　樹里安）

 授業コメント 💬 🤍

A：僕らは「ハーフあるある」の何を笑っているんだろう。自虐ネタ？

　　B：でもブラックジョークでもあるよね？「普通の日本人」と「それ以外の人」との間に勝手に線引きをする「日本人」の姿を戯画的に指摘されて、僕らは思わず笑ってしまうのかも…

C：「純粋な日本人」じゃない人もいろいろ大変なんだね。勉強になった！

　　D：純粋って…。科学的に人種って否定されてるの知らないの？

CHAPTER 17

ディズニーは「夢」を描く

 1. ディズニーの（オーソドックスな）歴史

みなさんは「ディズニー」と聞くと、どのようなイメージを思い浮かべるでしょうか？

「夢と魔法の王国」とされるディズニーランドを思い浮かべる人も多いかもしれません。1983年に開園した東京ディズニーランドは、2001年からのディズニーシーを加えて、2016年のデータでは年間3,000万人が訪れる日本でもっとも入場者数の多いテーマパークです。あるいは、女の子の「夢」を描いてきたプリンセスシリーズでしょうか。ディズニープリンセスには、『白雪姫』(1937)以来の長い歴史と継続的な人気があります。近作の『アナと雪の女王』(2013)は日本でも大ヒットしました（2014年の作品別興行収入で1位）。

こうした現在のディズニーランドやアニメの源になっている人物が、**ウォルト・ディズニー**です。ウォルトの作品としてまず有名なのは、今となっては90年以上も昔、第二次世界大戦前の1920年代にヒットした「しあわせうさぎのオズワルド」シリーズ(1927)になります。ただ、ウォルトはオズワルドの版権を失うことになり、その代わりに生み出したのが、世界初のトーキー（声・音の出る）アニメ『蒸気船ウィリー』(1928)でデビューしたミッキーマウスです（ちなみに、現在ではオズワルドの権利もディズニー社に戻ってきています）。そこから、『かしこいメンドリ』(1934)で初登場したドナルドダックをはじめ、今ではおなじみのディズニーキャラクターが少しずつ誕生していきます。そして、上記で言及した『白雪姫』は世界初の長編カラーアニメです。それを起点として、戦後になると「プリンセス」シリーズが展開していきます。さらに1955年には、三次元的な空間をメディアとする「ディズニーランド」がカリフォルニアにでき、ほかのディズニーパークにつながっていきます［》偏在的なイメージ形式については卒論01］。

以上が、よく語られる、いわばディズニーの「表の歴史」です。しかし、実は上記のストーリーで語れない「裏の歴史」もあります。それが、戦時下のディズニーです。

∷∷ 2. 戦時下のディズニー

　実は、第二次世界大戦中のアメリカは、マス・コミュニケーション研究の基礎が形成された時期に当たります。そもそも、**マス・コミュニケーション**はこの時期に新しく作られ、戦線の拡大とともに普及した言葉でした。マスは「大量・大衆」という意味なので、簡単に言うと、**マスメディア**は「大量の情報を媒介するもの」、マス・コミュニケーション（以下、マスコミと表記）は「大量の情報を大衆に伝達する行為」です。

　この時期のマスコミ理論は、「強力効果論」が主流でした。強力効果論とは「メディアが大衆の思考に強力な影響を与える」という考え方です。喩えると「弾丸が個人に直撃するようなもの」なので、「弾丸効果」とも呼ばれました。

　なぜ強力効果論が出てきたかというと、その少し前に第一次世界大戦（1914〜18年）という**総力戦**があったからです。総力戦とは、その名の通り「国家のすべての資源をつぎ込む戦争」です。総力戦では、国家のメンバーである国民の「やる気」がなくなってしまっては「負け」になるため、国民の心理に訴えかける必要が出てきます。結果として、その後の第二次世界大戦（1939〜45年）では、「特定の目的（この場合は戦争）に向けて、個人や集団に影響を与え、意図した方向に誘導するコミュニケーション」である**プロパガンダ**の研究・実践が進みます（佐藤卓己 2018『現代メディア史　新版』岩波書店）。

　こうした時代背景を考えると、そもそもディズニーのような人気のあるキャラクターが戦争動員のために活用されるのは、不自然ではありません。さらに、ウォルトが「愛国者」であったことを加味すると、国策へ積極的に協力したのも当然かもしれません。

　ディズニーの戦時プロパガンダにはさまざまなアニメ作品や広告があるのですが、もっとも典型的な例が、アカデミー短編アニメ賞を取った『総統の顔』

Der Fuehrer's Face（1943）です。ドナルドダックがナチス・ドイツを思わせる「ナチランド」で生活しており、軍需工場に動員される。ナチランドは、ところどころにヒトラーの図像があり、きわめて粗末な食事（「ノコギリで切らなければならないほど固すぎるパン」など）しかなく、言論の自由もない場所として描かれています。でも、実はそれは「夢」で、目が覚めたドナルドがいるのはアメリカだったという筋書きです（いわゆる「夢オチ」）。夢から覚めるときの「一瞬ヒトラー像かと思うが実は自由の女神だった」という演出が端的に示すように、ナチランドの「夢」は、自由なアメリカの生活という「現実」と対比されたものです。「夢」のなかの粗末な暮らしと対照的に、「現実」のドナルドが寝ているベッドは、ふかふかで気持ちよさそうに描かれています。

　このように見ていくと、前節で述べたようなよくあるディズニーイメージとは違っても、これはこれで、ある種の「夢」を描いていることに気づかされます。つまり、『総統の顔』は**悪夢**という「夢」を描いているわけです。

　「悪夢」であるナチスと、理想の「現実」であるアメリカ…。しかし、さらに相対的に（距離をとって）冷静に考えると、実は「悪の全体主義」と戦う「正義の民主主義」アメリカの方も、現実を描いたものというより、この時期の**アメリカン・ドリーム**ではないだろうかという発想に至ります。

▦ 3. ディズニーは「夢」を構築する

　では、上記の議論を経た上で、ディズニーをどのように捉え直すことができるのでしょうか。

　前節で見てきた内容からは、ディズニー作品が一貫して「当時の歴史的文脈における」アメリカの理想的世界を描き続けてきたことがわかります。逆にいうと、戦後のディズニーアニメ（プリンセスシリーズなど）やディズニーランドが発信するストーリーや世界観も、ある時代・地域において構築されたメディアコミュニケーションなのです。

　たしかに現在では、『総統の顔』で行われたような「直接的に戦争へと動員するようなプロパガンダ」はなくなったかもしれません（ちなみに、マスコミ理論

についてもその後、強力効果論は反証され、戦後には「限定効果論」、さらに「新強力効果論」が主流になります）。しかし、マスメディアとしてのディズニーの根本にある〈本当はほかでもありうる世界観から、特定のあり方を取り出し、それを「夢」として提示する〉しくみ自体は、変わっていないのではないでしょうか。

　こうしたメディアやコミュニケーションのあり方を「構築性」と言います。私たちとしては、**メディアの構築性**をつねに意識し、〈ある「夢」が、絶対的なものではなく、特定の歴史的・社会的文脈に規定されたひとつのものにすぎない〉と冷静に考えることも重要です。「夢」はディズニーアニメやディズニーランドが提示するものだけでなく、「いろいろある」のですから。

（松井　広志）

📱 授業コメント　💬　♡

A： ディズニーランドは「夢の国」として、鏡や時計がない、虫がいないなど徹底的なイメージ作りがされている。でも以前は、戦争の片棒を担いでいたのだと思うと、ディズニーも一企業として「夢」を売っているのだなと気づきました。

B： 今まではディズニーを普通に人気のキャラクターとしてしか見ていなかったけど、戦時の状況と密接なかかわりがあることにとても驚きました。メディアは、戦争を引き起こす力にもなるんですね…！

C：『総統の顔』の映像でドナルドが「ハイルヒトラー！」と言っていたのが、インパクトありました…。あれを観た人は、ヒトラーを支持するドイツ＝変な国という風になっただろう。

D： ナチス・ドイツ＝変な国で間違いないんじゃないの？

E： だからと言って、アメリカ＝正義というのが正しいとは限らないよね。ナチス＝悪夢というのは結果的に合っているけど、大事なのは、ディズニー作品で描かれる「夢」が、実は「時代のなかで作られたひとつの価値観」というところじゃないかな。それが「メディアの構築性」ということなんだと思う。

CHAPTER

18

カウンターナレッジの強力効果

1. すすんでダマされる人たち

　近年、ネット上の「フェイクニュース」(嘘のニュース) が話題ですが、そもそ
も世のなかには「定説への反論」だとしても無理矢理すぎる主張が満ちていま
す [》サブリミナル効果の実在を主張する人については第14章]。たとえば、ダミ
アン・トンプソンが例にあげているだけでも次のようなものがあります。「9.11
テロは米国政府が仕組んだ陰謀だ。その狙いは中東で戦争を起こすことにある」
「エイズ・ウイルスはアフリカ人を根絶やしにするために CIA の研究所で開発
された」「たっぷり摂取すればガンを予防できるし、エイズ治療薬よりも効果の
あるサプリメントがある」(トンプソン 2008『すすんでダマされる人たち』日経 BP 社)。

　これらの共通点は、いかにも事実らしく見せかけてはあるが実は根拠がない
デタラメやガセネタである、ということです。にもかかわらず、いわゆる「信
者」があとを絶ちません。トンプソンはそれらを「**カウンターナレッジ**」と呼び
ました。知識(ナレッジ)に逆らう知識(カウンター)とでも言いましょうか。なぜそのようなものが横行
するのかと言えば、「実は根拠がない」のを完全に理解するのはそれなりに面
倒で頭も使うからです [》第34章]。

2. カウンターナレッジの心理学的説明

　精神分析学者の斎藤環は、「あらゆる証拠が嘘を証明しているにもかかわらず、
真実をねじ曲げてでも嘘つきの虚偽発言を正当化せずにはいられない」ある種
の**防衛機制**について論じたことがありました(斎藤環 2013『承認をめぐる病』日本評
論社)。その際、例にあげられていたのは、2004 年に韓国の黄禹錫(ファンウソク)教授がヒトク
ローン ES 細胞の培養に成功したと発表したものの、その後完全な捏造だったこ
とが判明したスキャンダルでした。その事件の奇妙なところは、捏造が徹底的

に暴かれた後も黄教授への支持者が続出したことです。ついには「たかが捏造ごときで、彼のなそうとしたことの偉大さや正当性を否定すべきではない！」という無茶な理由で教授を擁護し続けるに至り、その様子からは「信者」たちはクローン人間が作れるという夢にそこまでこだわりたかったのだ、ということが見てとれるのではないかと思います。その夢はきっと、彼らの「偉大さや正当性」に障る何かなのでしょう［》いろいろな「夢」については第1、15、17章］。

　われわれの記憶に新しいのは、その10年後に起こったSTAP細胞をめぐる研究不正事件の方かもしれません。2015年末に「権威ある科学誌にSTAP細胞を再現したと米国の研究者が発表した」という誤情報が飛び交って一時的な騒ぎになった顛末までES細胞と似ています。その時にも、「小保方さん、あなたが正しいと僕は信じてたよ！」といった書き込みがSNS上を賑わせたのでした［》SNSが絡む社会現象については第3、9、11章］。

　しかし本書の読者なら、それらには半世紀前のヴィカリー事件の時から「サブリミナル効果」をめぐって断続的にくり返されているのと同種の気味悪さがつきまとっていることにも気づいてもらえるのではないでしょうか［》第14章］。

■■■■ 3. カウンターナレッジとしての「弾丸理論」

　社会学でこれに当たるのが、**メディアの強力効果説**（弾丸理論）です。現在、マスメディアの影響力については基本的に、**限定効果説**（効果はあるが限定的）が通説です［》第17章］。メディアは大衆を直接・自由自在に操るような力をもってはいません。しかしそれを授業で習ってもなお、「マスコミに踊らされないように、自分で判断し主体的に行動していく必要がある」とか、「影響が強いのだから、テレビや新聞には責任をもって報道してほしい」なんて、答案に書く人たちは多いのです。それどころか、偶然私の経験した極端なケースではありますが、とあるマスコミ業界出身の教授が、自分も学者なのにこう言い放った時には驚きを通り越してある種の感動すら覚えました。「学者なんかが何と言おうが、サブリミナル効果はあるに決まってますよ！」

　言われてみれば、通俗的サブリミナル効果説は、潜在意識に働きかけるタイ

プの弾丸理論のようなものです。マスコミの強力な効果で大衆を操れるという点で。だからこそマスコミを体現している人の口からそのカウンターナレッジが発せられても何の不思議もない。私にはその時そう合点がいったのでした。

⬛ 4. カウンターナレッジとうわさ

カウンターナレッジの力のしくみを、社会学でも心理学でもよく知られている現象とその法則で説明することができます。**うわさ**というコミュニケーションについての**オルポート＝ポストマンの公式**がそれです。

うわさには他のコミュニケーションとは違い、伝わりすぎる性質があります。通常のコミュニケーションは、個人間の1対1のものの、いくつかの組み合わせですし（図18-1）、マス・コミュニケーションも規模こそ大きいとはいえ「二段階の流れモデル」（図18-2）で説明されるのがせいぜいです。しかし、次から次へと伝播して、何段階になってもキリがないのがうわさです（図18-3）。

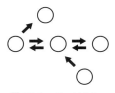

図18-1　パーソナル
コミュニケーション

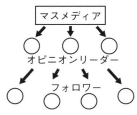

図18-2　マスコミュニケーション

〇➡〇➡〇➡〇➡ …

図18-3　うわさ（クチコミュニケーション）

このキリのなさを、ゴードン・オルポートとレオ・ポストマンは R=i × a という式で表しました。うわさの伝播量 R は当事者にとってのその話題の重要さ i と、その証拠のあいまいさ a との積に比例する、というのです。和ではなく積なので、どちらかが0ならうわさは一段階も生じませんが、少しでも両者がかけあわされると何段階も先まで伝わってしまう大きな影響力が生まれます。これは、デタラメなのにそう証明しにくいあいまいさと、「信者」たちにとっては防衛機制を働かせてしまうほどの重要さをあわせもったカウンターナレッジの性質をよく表しているともいえるでしょう。実際、カウンターナレッジは現代社会におけるある種のしつこいうわさ、と考えると説明がつきます。

∷∷ 5.「メッセージはメディア」?

　その上で注意したいのは、この公式が、うわさというメディアの影響力は、その話題つまりメッセージの性質である重要さとあいまいさから生じている、と説明していることです。メディア論の考え方には「メディアはメッセージ」という考え方がありました［》第1章］。しかしそれに逆らって、カウンターナレッジといううわさの形はあたかも、「メッセージはメディア」だとでも言っているかのようです。すなわち、メディアの特性よりも先に（より根底的に）メッセージの内容そのものが、ある種のメディアとなっている。何"で"伝えるかが大事だというメディア論に対し、何"を"伝えるかの方がやはり大事だ、と。

　とはいえ、本当に正しいのかあいまいな話を、形よりも中身が大切といった決まり文句を蒸し返しながら押し通そうとする態度には、批判の目を向けた方がよいように思います。ビデオをコマ送りして見られるようになってはじめて、アニメのなかのサブリミナル効果があげつらわれたように［》第14章］、あるいは文字や本やマンガという新しいメディアが現れるごとに古いメディアを礼賛する意見が出てきたりするように［》第2章］、メディアの構築性［》第17章］を無視したメッセージは現れるものなのです。しかし世のなかが変わってもなぜかいつも同一なそれら「メッセージの力」に冷静に対処するためにも、社会的条件に沿っていろいろな「ズラし」を試みることが大切なのは言うまでもありません。

（有田　亘）

授業コメント　💬　♡

A：マスコミの影響力って強いように思っていたけど、何段階も先まで伝わるという意味ではうわさの方が強力、という考え方は新鮮だった。

B：サブリミナル効果を学び、カウンターナレッジの授業を受けてなお、血液型性格診断が正しいような気がしてしまう私がいます…（笑）

C：カウンターナレッジが生きる希望みたいになってる人がいるってこと？？

消費社会とモノの現在

 1. コト消費・体験型消費

　私たちは、日々いろいろなモノやサービスを消費して生活しています。「消費」という行為に関しては、近ごろ**コト消費**や**体験型コンテンツ**といった言葉を耳にすることがあるではないでしょうか。

　現代の若者は、モノやサービスを購入することを重視するモノ消費に対して、購入したモノやサービスによる経験・体験をするコト消費に重点をおくといわれます。この背景として、**デジタル化**されたコンテンツが複製によって簡単に手に入るようになり、モノを所有することの意義が低下したことが指摘されています (消費者庁『平成29年版消費者白書』「第3章 特集・若者の消費」)。また、デジタル化されない体験型コンテンツの価値が相対的に高まるという側面を重視して、体験型消費という言い方が用いられることもあります。

　こうしたコト消費／体験型コンテンツをめぐる議論は、一定の説得力をもちます。たとえば、音楽におけるCDの売り上げが減少する一方、ライブやフェスは市場規模を増しています。また、テーマパークは東京ディズニーリゾート[》ディズニーに関しては、第17章]やユニバーサル・スタジオ・ジャパンをはじめとして好調ですし、「2.5次元」と呼ばれる舞台やコスプレ、アイドル文化[》第15章]の盛り上がりもあります。

　しかし、こうした消費のあり方はいかにして形成されてきたのでしょうか。本章では、歴史的な変遷を検討することによって、やや広い視点からモノや消費について再考していきます。

●●●● 2. 使用価値とフォーディズム

　モノの価値といった場合にまず押さえておかねばならないのは、**使用価値と交換価値**という対概念です。使用価値とは、あるモノが直接的に「使える」有用性に基づく価値です。喉の乾きを満たしてくれる水や、寒さから身を守ってくれる衣服は、人間にとって不可欠な使用価値をもっています。

　それに対して、交換価値は、他の商品 (財やサービス) との差異で成り立つ価値です。やや単純化していうと、あるモノが「どれくらいの金銭と交換できるか」という基準で測ることができます。たとえば、現代の日本における水は (使用価値は先述したようにきわめて高いですが) 交換価値は高くはないでしょう。服飾でいうと、たとえばエルメスのバーキンが非常に高価なのは、ブランドイメージや製造個数の少なさなどの理由によるでしょう。

　これらの価値は、現代社会においても併存していますが、時代の推移で考えると、前者から後者にその力点を移しているといえます。少し前の (前期) **近代社会**は、**フォーディズム**という大量生産大量消費の時代でした。フォーディズムという言葉は、自動車のフォード社が、車種を絞ってコストダウンして多くの人に行き渡らせるようにした生産体制に由来します。ある時期までの近代社会は、フォーディズムと呼ばれる少品種大量生産が主流である工業社会の考え方が主流でした。この時期は、まだ工業製品を中心に使用価値のあるモノへの需要が非常に高かったのです。

　戦後の日本では、白黒テレビ・洗濯機・冷蔵庫の「三種の神器」が求められた 1950 年代から、自動車・カラーテレビ・クーラーが「新・三種の神器」あるいは英語の頭文字を取って「3C」と呼ばれた 60 年代が、フォーディズム、あるいは使用価値が優位だった典型的な時代です。こうしたモノへの需要は、現在より豊かな理想的な未来を目指す **「理想の時代」** という時代精神が背景にありました (見田宗介 1996『現代社会の理論』岩波書店)。

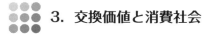

3. 交換価値と消費社会

　それに対して、近代も後期に近づくと、**ポストフォーディズム**である脱工業社会（D. ベル 1973=1975『脱工業社会の到来』ダイヤモンド社）に変化していきます。この言葉はフォーディズムの「後」という意味で、多品種少量生産の体制をさします。使用価値に基づくモノがある程度社会に行き渡ると、他とのモノとは違う何かが人々に求められるのです。

　こうした時代に、社会学者のジャン・ボードリヤールは、「消費されるためには、物は記号にならなくてはならない」（J. ボードリヤール 1970=1979『消費社会の神話と構造』紀伊國屋書店）と喝破しました。この言い方にあるように、モノは本来の使用価値ではなく、差異としての記号・記号に基づく交換価値で人々から判断されるようになりました。ボードリヤールはそうした社会を**消費社会**と呼んだのです。

　実際、日本でも高度成長を達成したあとの 1988 年に出された糸井重里による「ほしいものが、ほしいわ」という西武百貨店のコピーが、消費社会の論理を象徴しています。この広告文は、モノの飽和によって「ほしいもの」自体が消失してしまったこと、その前提にある欲望自体を人々が欲しているさまを巧みに表現していました。

　また、同じく 1980 年代には東京ディズニーランドやファミリーコンピューター［》ビデオゲームについては第 7、8 章］などが登場しました。これらは、未来への成長が感じられなくなった時代に「現実ではないどこか」である虚構へ耽溺する「**虚構の時代**」の象徴でした。

4. 消費社会とモノの現在

　現代社会は、(前期) 近代社会が深化した結果、部分的にそのあり方が変容した**後期近代社会**に突入しています。後期近代という表現は欧米を中心とするグローバルな流れを指します。そうした状況と呼応しつつ、日本社会ではとくに、バブル崩壊以降、低成長期に入った 1990 年代後半以降現代までを、未来への

理想や虚構への耽溺といった反現実そのものが失効した「**不可能性の時代**」ということがあります（大澤真幸 2008『不可能性の時代』岩波書店）。

　ここでの「不可能性」とは、現実が存在しえないことを意味します。つまり、こうした時代では、モノから記号・情報へという大きな方向性は維持したまま、人々の消費活動がより**現実志向**になると考えられます。そうした流れの先に出てきたのが、冒頭で述べたコト消費や体験型コンテンツです。さらにいうと、そうした現代社会の消費のあり方は、情報の中身であるコンテンツ自体よりそれをめぐるコミュニケーション［》SNSとコミュ力については第3章］、あるいは、作品よりそれを取り巻く文脈や環境［》バンクシーによるアートについては第9章］といったものを重視する傾向と呼応しています。

　こうした情報やコミュニケーションの先に、物質的なモノ自体の価値が再び重視される時代は来るのでしょうか。そうなるためには、単なる使用価値への回帰ではなく、あらたなモノの魅力が見出される必要があるかもしれません。

（松井　広志）

ｈ 授業コメント 💬 ♡

A： 消費の対象がモノからコト、体験に変わってきた背景として、私は「なにもない日常生活から離れたい」という現代人のニーズがあると考えます。

B：「ほしいものが、ほしいわ」って今の時代じゃありえないコピーで羨ましいと思った。今の若者は、格差社会の不安から「買いたいものが、買えない」のではないか。

C： こんまりさんは片付け術で「思い出の品は最後に」と言っています。私も昔の写真が取ってあるアルバムや今は手に入れることのできないグッズなどは、捨てられないです。こういうモノへの愛着は、社会学的にどう考えられるのかなと思いました。

すすんで**監視**する
アンバランスな**私**たち

1. あふれかえる監視

駅や空港、ショッピングモール、道路でも、ふと見上げると、至るところに防犯カメラがあることに気づきます。最近ではあおり運転等のリスクを避けるため、車にドライブレコーダーを搭載する人も増えてきました。もし危険が身に及んだ時、記録してくれる防犯カメラ。誰かに見守られているような気もしますが、とくに悪いことをしていなくても一方的に監視され続ける、居心地の悪い状況でもあります。

また、自動車に搭載されたドライブレコーダーも、歩数や心拍を計測する腕時計型のウェアラブル端末も、クレジットカードも、交通系ICカードも、ただの便利な道具ではありません。それらはすべて、自分や他者の行動履歴を計測・記録することで監視する、監視実践のテクノロジーです。おびただしい個人情報の蓄積は、もはや個人にとっての分身や影、あるいは消せないタトゥーのようなものであることから、**データ・ダブル**や**データ・シャドウ**と呼ばれています。

わたしたちを遍在的に取り巻く監視は**リキッド・サーベイランス**と呼ばれます（デイヴィッド・ライアン 2018 = 2019『監視文化の誕生』青土社）。なぜソリッド（固体）ではなく、リキッド（流体）な監視と呼ぶのでしょうか。現代ではもはや、監視をする者／監視される者、監視されている／監視されていないエリアや時間が、固定的（ソリッド）・限定的ではなくなったからです。かつてであれば、ジョージ・オーウェルの小説『1984 年』で描かれたような、「絶対的な権力者が一方的に人々を監視すること」こそが監視であり、それを使って人々の自由を奪うこと　が問題でした。それこそ、駅や空港の監視カメラがその代表格です。ですが、現代は SNS の利用者を筆頭に、人々は自らすすんで監視者として監視しあっているといえます。少し考えてみましょう。

●●●● 2. 監視文化に慣れた私たち

　遊ぶ約束をドタキャンした友だちの Instagram を見ると、彼氏とユニバ（ユニバーサル・スタジオ・ジャパン）にいることがわかった。バイト先の店長は家族でキャンプに行っているらしい。サークルの先輩は韓国旅行。SNS を見ると、「いま、ここ」にいない誰かの近況を次々に目撃することになる。そういう自分も、目の前でラーメンを食べている友人の動画を TikTok にあげたところだ…。

　SNS をつかって、目の前の楽しいこと、面白いこと、美しいこと、美味しいものを他の人たちに見せあい共有することは、実は監視カメラのようにお互いの日常生活を監視するきっかけをつくることでもあります。自撮りで「盛る」こと。「映える」飯テロの動画像を友人に送ること。これらはすべて、監視の対象を提供する行為だといえます。こうした監視を前提とする行為やコミュニケーションのパターンは**監視文化**と呼ばれています。

　自分が監視カメラになったかのように、おたがいの人生の記録（ライフ・ログ）を誰かの目線にさらし、それを目撃し続ける監視文化はとどまるところをしりません。

　先ほど、「友人」と書きましたが、むしろ監視者と書いた方が正確かもしれません。自分を含めた大勢の監視者たちは、常々「どのように他者に見られるだろうか」「どのような自分として印象管理をしようか」と監視的想像力を駆使しながら、飽きることなく、でもどこかで忙しさや疲労を感じながら、監視実践をくり広げているからです。たとえば何かの事件の容疑者の情報が少し出回っただけで、あっという間に「本人特定」されてしまい、過去の「黒歴史」まで暴き出されてしまうことは、監視実践の一例だといえるでしょう。

　しかも、人々はそこに快楽や欲望すら見出しています。「盛った自分」や「盛ってない自分」を演出して監視対象としてさらけだすことにも、快楽や欲望があります。かつてであれば、「権力をもった監視者から個人情報を守ろう」と研究者や批評家、活動家が言うことにもそれなりに説得力がありました。しかし、いまや誰もが監視者で、時に誰かの心身を危険にさらす権力者でもあります。ですが、快楽を覚え、欲望がうずくのもたしかですし（そうでなければ、そもそも他者の監視などしません）、危険だからといって SNS や便利な IC カードをや

められそうにもありません。そんな時に、いくら「個人情報を守ろう」といっても、一体だれが言うこと聞くというのでしょう。

■■■■ 3. アンバランスな監視

とはいえ、監視文化や実践を無批判に肯定するのはリスクが高すぎます。SNSに「ディズニー着いた！」と投稿すれば、ストーカーや空き巣に情報を与えることになりますし、静止画の瞳に映った景色から自宅を突き止められた事件もすでに発生しています。自分の心身やデータ上の自分の**セキュリティ**（**安全**）について考える必要があるでしょう。

さらに、SNSを運営する企業は個人の趣味や嗜好、政治的立場、行動記録をほかの企業と共有・売買していることが明らかになっています。共有・売買された個人情報をもとにして、商品広告やおススメユーザー、検索結果や投稿の順序を**個人化**（**パーソナライゼーション**）しながら、人々の意志や欲望、行為を左右するような情報を個別に送りつけているのです。それは商品の売れ行きや選挙の投票結果すらも左右する可能性があります。たしかに、いまは「誰もがみんな監視者になれる時代」です。ですが、監視の主体がもつ権力の大きさやテクノロジーの精度にはアンバランスさがあります。人々の多くは、警察権力や大企業複合体ほど、強大で遍在的な監視実践が可能なわけではありません。誰もがみんな監視者にもなれるかもしれませんが、だからといって個々の**監視主体**がもつ資源や能力は公平でも平等でもないのです。

■■■■ 4. それでも監視は続く

街中の防犯カメラやGPSを利用して恋人や子どもの位置を知らせるアプリは、しばしば誰かの安全のために活用されるテクノロジーです。ただ実際には、これらの監視カメラは、事件が起こっても犯人を捕まえてくれたり、事故を未然に防いだりすることはなく、あとになって記録を再生できるだけなのです。私たちは想定されるリスクを少しでも減らそうと、監視システムの維持や強化

に必死です。そして興味深いことに、監視と配慮（ケア）という言葉は、もともと同じ語源なのです（東浩紀 2016「サイバースペースとセキュリティー第1回『人間とは何か』が変わる時代」『情報管理』）。

　誰かをケアするためには監視が必要悪、というわけですね。しかし、それは配慮の名の下に誰かの服従を強制するテクノロジーを擁護する論理でもあります。「国民を守るために街中に監視カメラを増やします」という政治家の言葉は、政府や企業を批判するデモやストライキや占拠を封じ込める言い訳かもしれません。「明るい職場づくりと従業員の健康維持」のために、笑顔にならなければ開かない顔認証システムつきの扉や脳波測定機器を取り入れたパソコンが導入されると、従業員は明るさと健康を自分で維持することを過剰に求められるかもしれません。監視のテクノロジーは人々への配慮と強制を可能にする、コインの両面のようなものだといえます。では、どのような監視ならばアリなのでしょう。いや、「どのような監視ならばアリなのか」と考えている段階で、すでに、自分と身のまわりの人への共生を可能にするテクノロジーの存在を許してしまっているのですが…。

（ケイン　樹里安）

h 授業コメント　💬　♡

A：防犯カメラがあると、なぜかいい人として行動しちゃんだよな。ポイ捨てしようとしたゴミを近くのゴミ箱まで入れにいったことがある（笑）

　　B：誰かに見られてると思うから「ルールを守るイイ人」になっちゃうわけだ。

　　C：それ、授業で習ったミシェル・フーコーの『監獄の誕生』の議論みたいだね。監視者の視線を引き受けて、やがて自分で自分の行動を律してしまうっていう。監獄の囚人、学校の生徒、工場の労働者のように…。

D：監視って、人の行動だけじゃなくって本や芸術作品の検閲とかもあるよね。

　　E：監視している人の目線が本当に適切かどうか、ちゃんと考えなきゃ。

　　F：人びとがどうやって監視の目をかいくぐろうとしているのかも、調べなきゃね。

第Ⅱ部　∷実　践　編

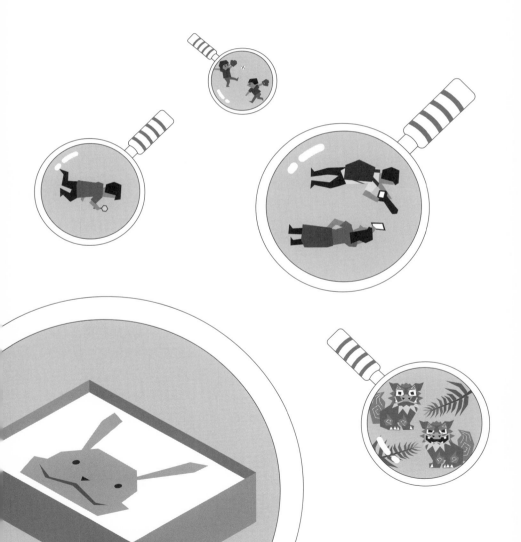

レポートで
自分の意見を述べる

 1. コピペはしてよい、むしろせねばならない

第Ⅰ部では執筆者たちが語ってきましたが、ここからは、みなさん自身に自分の意見をいろいろ語っていただくための話をしていきましょう。

大学での試験はたいていがレポート形式で、「自分の意見を述べる」ことが求められます。でもどうやって？　何をどう述べたらいいのかわからないので、ついネット検索で見つけた他人の意見を丸写し、つまり「コピペ」してしまう人もいるようです。そしてそれが盗用に当たるからダメなのは知っているしもう聞き飽きた、という人も多いはず。しかし正確には、学問的には一定の条件のもとで「コピペ」はしてよい、というか、せねばならないものでもあります。

なぜそういうことになるのかと言うと、どんな学術研究においても普通に行われる**引用**というものがまさしく「コピペ」だからです。一言一句変えずにそのまま書き写すのが正しい引用のしかたです。

これは、どんな意見も自分だけではその正しさを保証できず、何か他人の意見によって裏づけをとらねばならないことを意味します。ウィキペディアには「独自研究の禁止」つまり引用が全くない記事は載せてもらえないルールがある、と第26章が論じていることがらは、まさにこの点に関わっています。あるいは、どこの大学でも卒業論文は先行研究を踏まえて書くよう指導され、何の文献参照も無いものは不可、といった執筆規定が設けられているはずです。それほどまでに引用というコピペは学問にとって必要不可欠ものなのです。

 2. 自分と他人の区別

そのコピペが盗用ではなく正しい引用であると認められるために必要な条件

は、実質的にただ一つと言ってよいでしょう。それは「**出典の明示**」です。すなわち、その文章をどこから採ってきたのか、出所がわかるように書かれてあればよいのです。

　たとえば、ウィキペディアに「…である」と書かれているのをそのまま何の断りもなく自分のレポート答案にコピペするだけならダメですが、「ウ̇ィ̇キ̇ペ̇デ̇ィ̇ア̇によると、…である、と書̇い̇て̇あ̇っ̇た̇」というような書き方をすればOK ということです。学術雑誌や卒業論文ではもう少し厳格な決まり（注をつけるなど）がありますが、レポート試験などではそこまで細かくは言われません。

　この条件が課される理由は、「自分の意見を述べる」際の前提に関わっています。すなわち、「自分」の意見を述べる以上は、それが自分以外の「他人」の意見とは区別されていなければならない、ということの。

　コピペが他人の意見を自分の意見であるかのように偽って行われているのだとしたら、それが自覚的な不正（盗用）であることは誰にでもわかりやすいかと思われます。しかしたとえそうとは知らずに悪気なく行われた無自覚なコピペであっても、それに負けず劣らず学問的に悪質であることに注意してください。何が他人の意見で何が自分の意見なのか、自分でもわけがわかっていない、ということになってしまうからです。

　しかしコピペ不正答案にありがちな、そして上述した正しい引用とは似て非なるやりかたは、たとえばウィキペディアに「…である」と書かれているのを、「…であ̇る̇こ̇と̇が̇わ̇か̇っ̇た̇」「…であると考̇え̇る̇」などと、もっともらしく言い換えるものです。それらのなかには盗用の自覚があるものも含まれてはいますが、より根が深いことに、「コピペは授業をきちんと受けた上でのれっきとした自分の意見だ」と信じこんでしまっているケースもよく見られます。授業内容を聞き間違えてはおらず（正確にコピペしている）、しかもその正しさも理解した（先生の言う通りだと納得した）のだから、そのまま自分の意見として述べて何が悪いのか、というような。

　その延長上で、見かけ上は 100% 丸写し答案のちょうど対極に当たるような、100% 自分の脳内にある「意見」をひたすら主張するだけの答案も現れるようになってきました。一切何もコピペしていませんが、他の誰の意見にも耳を貸

さず自分以外に裏づけが無い「独自」な答案です。自分と他人の区別がつかない（つける必要すら無いと思いこんでいる）時、コピーもオリジナルももはや無くなってしまうことを示すよい例かと思います。

■■■ 3. 生成 AI も使って自分の意見を述べるなら

　そこで本章では、自分の意見を述べるために、最近よく話題にのぼる生成 AI というものをあえて活用する方法を提案したいと思います。というのも AI が「生成」する文章は、先端的でもありながら実は意外と目新しいものではなく、やはり「コピペ」の一種だと考えられるからです。それはたいていの大学が生成 AI の取り扱いに関するガイドラインで、「レポートや論文中で AI が生成した部分を明らかにする」こと、要するに AI が生成した文章を使ったのならそれも合わせて提出するよう定めていることからも明らかです。つまりは AI を使ったという「出典の明示」が求められているわけなのです。

　したがって、作業の手順それ自体はかなり簡単です。まず、「…についての意見を述べよ」とでも指示して AI に意見を考えてもらいます。そしてあなたは生成された文章を元に原稿を完成させ、AI の生成した文章とともに提出してください。それだけです。

　ただし注意すべき点が二つあります。第一に、「AI の生成した文章」をそのまま必ず添付すること。あなたが AI にどんな指示（プロンプト文）を入力したのかわかるようにしておいてください。

　第二に、「生成された文章を元に原稿を完成」させるといっても、形を整えるなど小幅にとどめ、文章全体の趣旨や内容が大きく変わるようなことは避けてください。もし手を加えたい場合は、プロンプト文を工夫することで自分の気に入る文章を出力させるようにしてください。直接手出しするのは厳禁です。

■■■ 4. 他人の意見をまとめるのも意見の一つ

　しかし実際にこうやって AI に何もかも任せてみると、自分の意見が思いつか

ないと言う人にも実は意見があるのではないか、という気がしてきます。たいていの人が機械の言う通りにはしたくなくて？　つい手を入れてしまうものだからです。それとも、自分の意見というのは何か他人とは違う「独自」なものでなければならない、といった無用な先入観でもはたらいているのでしょうか。

　そういうときにこそ強調しておきたいのは、「他人の意見をまとめることも意見の一つだ」という、ありがちなコピペ答案の正当化はある意味正論なのだ、ということです。他人の意見をそのまま変えずにまとめるというのは、地味で面倒な作業でもありますが、それを貫徹できれば、そもそも自分とは違う意見と否応なく向き合うことにつながります。結局、自分と他人の区別をつけるというところに話が戻ってくるわけです。

　そして、他人の意見をまとめただけのものが自分の意見として成り立つための条件は、実質的にただ一つと言ってよいでしょう。そのまとめ方で正しいとあなたが証明できることです［意見とは主張と理由がセットになってこそだ、という点については ≫≫34章］。本章が提案する方法なら、その点を心配するには及びません。なぜなら AI の意見と自分の意見を両方提出していて、すぐ比較できるようになっているのですから。

（有田　亘）

> **◆◆◆　課題：『となりのトトロ』の「ラストの猫バスに乗るシーン以後、サツキとメイは死んでいる」という都市伝説の真偽について、生成 AI を用いて自分の意見を述べてみよう。**

　これは次章「都市伝説の真偽をネット検索調査で確かめてみる」での結論を、ほぼ自動化して導き出す試みです。次章では手作業してみて、結果を比較してみてもよいかもしれません。また、その手作業で作ったデータ・マトリクスを生成 AI に読み込ませてどんな結論になるか見てみる、逆にデータ・マトリクスを作るところまでを AI に行わせる、といったことも面白いかもしれません。（ある程度テクニックを要しますが。）

　人間がネット検索するのよりは幅広いデータが集まるかどうか、その「タグ付け」は人間よりも上手だろうか、といったあたりが見所です。

　生成 AI の仕様によっては、実在するサイトを引用しないものもあります。その場合は人間がネット検索するしかないかもしれません。しかし複数の AI の生成結果を比較してみるというのも一興です。

CHAPTER 22

都市伝説の真偽をネット
検索調査で確かめてみる

1. ネット上での資料調査

　いわゆる「都市伝説」のたぐいがネット上ではいろいろと飛び交っているわけですが、その真偽のほどは…？　この章では、初心者でもできるくらいの簡単なネット資料調査だけで、どの程度のことがわかるのかを試してみることにしましょう。

　具体例として取り上げるのは、『となりのトトロ』の「ラストの猫バスに乗るシーン以後、サツキとメイは死んでいる」というあの有名な都市伝説です。最近、授業課題の一つとして、学生のみなさんにこの検証作業に取り組んでもらっています。

　作業手順は次のようなものです。──みんなで手分けしてネットからトトロの都市伝説に言及しているサイトを片っ端から集め、それぞれのサイトがサツキとメイの生死をどう捉えているか、またどんな理由・根拠からそう判断しているのか（2 人の影が描かれていないからなのか？　猫バスの行き先が墓道だからなのか？　などなど）を**データマトリクス**という表の形で整理する。そうやって得られた生死それぞれの説と根拠を比較した結果を、どちらが正しいか考察する…。

2. ネット情報の鵜呑みのしかたが見えてくる？

　1 人につき 1 つのサイトについて報告してもらうだけでも 100 人受講のクラスで 100 件分の情報が集まります。しかしこの時もうすでに、この人気テーマについて学生のみなさんがわりと不用意な物の見方をしていることが浮かび上がります。

　まず、報告されるサイトの重複が激しいです。「トトロ　都市伝説」などの

キーワードで検索ヒットした1位2位のサイトばかりをみんなが報告するので、それだけで、実質60件くらいに減ってしまいます。みんないかに表面的な目につく情報ばかりしか見ていないかをはからずも示すことになってしまっています。

　次に多くの人の不用意さが浮かび上がるのが、「サツキとメイの生死判定の根拠となる情報に出典が書かれていない・わからない場合は「出典不明」と報告してください」と告げた時です。Wikipedia では［要出典］のタグづけがなされて信用できない情報と見なされる典型［ >> 第27章参照］なのですが、たいていの「まとめサイト」には出典が明示されていないことも多く、学生たちがはじめて報告してくるも課題答案の3〜4割以上はそれに当てはまります。そして「せっかく調べたのに信用できないと言われた！」と勝手に傷つく学生もいます。どのサイトが出典不明なのかを報告することは、どのサイトが信用できないものなのかをはっきりさせてくれる点で、調査結果としては十分意味のあることなのですが…。自分の意見＝考察と、その根拠となる調査結果＝事実を混同している人が意外と多いからなのかもしれません。

●●●●　3. データマトリクスで論点整理

　ともあれ、この課題を実施すると、サイト1件につきたとえば図22-1のような調査報告が学生から送られてきます。

　もちろん、重複除去ですとか、誤読訂正 (サイトの要約を間違えていないか) など

参照記事					出典記事	
記事番号	タイトル	URL	結論	結論の根拠 (要約)	出典タイトル (記事番号)	URL
5	「XXXXXXX」	https://www.......	死んでいる	① 影が無くなっていること。 ② 母親の病院にとうもろこしが残されているが、さつきの姿はない。 ③ メイのサンダルが見つかるがさつきが必死に否定している。 ④ 行方不明の妹を姉が探し回り、母が入院している病院名も酷似、事件発生日が5月1日で二人の名前と一致する「狭山事件」との類似。	① 4 「XXXXX」 ② 出典不明 ③ 21 「XXXXX」 ④ 7 「XXXXX」	① https://www....... ③ https://www....... ④ https://www.......

図 22-1

のチェックが必要なのですが、そこは省略しましょう。送られてきた全員分を一覧的に並べると大きな表（数十～百件分）が出来上がります。それがデータマトリクスです。

　それに対して、**質的コーディング**と呼ばれる操作を施し、別のデータマトリクスに整理し直す作業が次に必要となります。

　質的コーディングを私は「タグづけ」などと簡略化して説明したりもしていますが、質的データに見出しをつけて仕分・整理し、見てわかりやすくすることをそう言います。ここではトトロの都市伝説についてネット情報を要約して学生たちが送ってきた文章のうち、サツキとメイの生死の判断根拠となる論点を整理することがそれに当てはまります。

　「生きている」か「死んでいる」かという結論は、元からコーディングされていたと言ってもよいくらいですが、結論の根拠となる論点をどう括り出すかはそのときどきで違ってくるかもしれません。ただ、トトロの都市伝説は有名なものですので、ほぼすべての議論は元々出揃っているといっても過言ではないでしょう。おそらく誰がやっても図22-2の左端の列に示したようなタグづけに近いものが得られるのではないでしょうか。いきなり完璧なタグづけができるわけでもないので、とりあえず作ってみて、様子を見て修正しながらコー

	死んでいる	生きている
影が無い	二人の影が描かれていない。 *1-6,12,13,35-40	影は作画上省略されている、とジブリが公式発表。 *7-11,14,18-22,33-37
病院に行ったのに会わなかった	病院に行ったのに母親に会わなかったのは不自然 *1-5,13-17,22,35,36	母親に心配をかけないようあえて会わなかった *8-12,19-26,30
姿が見えていない	死んだ二人の霊は人々に見えていない *1-3,6,7,13-17,22	大人になってしまうと見えないだけ（死とは無関係） *8,9,11-15,20,30
メイのサンダル	池の中からメイのサンダルが見つかった *1,5,14-20,31-34	見つかったサンダルはメイのとはデザインが違う *7,13,26,35-39
トトロは死神	トトロは死神（なので、死者にしか見えない存在） *6,8,18	トトロは妖精（超常的だが死とは無関係な存在） *9,14,19-22,33
猫バスの行き先はあの世	「墓道」 *2-4,12,37	途中の停留所の一つ *10,11,14,35
狭山事件	妹を姉が探し回り、時期や場所も似た誘拐殺人事件。 *1-6,13,37-40	昭和の未解決大事件。誘拐事件はその一部。 *7,24,35-38
エンドロール	エンドロールは（まだ生きていた）過去の回想シーン *5,6,12-17,39,40	エンドロールでおばあちゃんたちと再会している *8-10,14,20-22,33
その他		

図22-2　（各項目の右下の数字は、その主張をしているサイトの記事に振った番号）

ディングしていきます。要は、すべてのデータに対して辻褄が合うような過不足無い分類項目が作れるかどうか、ということになるでしょう。今回は「その他」に分類される（ということはいまいち上手く分類できないような）コーディングの必要は生じませんでした。その一方で「姿が見えていない」と「病院に行ったのに会わなかった」は一つにまとめてもよかったのかもしれません。

▚▚ 4.「ミュンヒハウゼン・トリレンマ」が何かは検索して！

こうやってデータマトリクスに落とし込んでいくことによって、対比的な論点整理が容易になるのがわかると思います。それを図 22-2 のようなさらなるデータマトリクスにまとめあげ、結局サツキとメイは死んでいるのかどうか考察する、ということを私の授業では最終的な課題にしています。

都市伝説の言うとおりに死んでいるとするのはかなり無理筋…という結論に至ることがほとんどですが、興味ある方々はいろいろ工夫してみてください。こうやって出典をたどっていくと、サイト1の出典であるサイト2の出典はサイト3だがその出典はサイト1になった、というような循環にはまることもあれば、**一次資料**とでもいうべきジブリ公式サイトにかなり多くのサイトの出典が行き着くなど、ちょっとした「ミュンヒハウゼン・トリレンマ」状態になるのも、こうした調査の面白いところではないかと思っています。

ただし、自分の気に入ったサイト記事だけを使わないように気をつけて！そして自分の意見がネットのどこにも見つからないときには、自己反省の目線を入れた方がよいでしょう。ネット情報の鵜呑みのしかたが見えてくるかもと前半にも述べましたが、そういうチェックを自分一人でもできるというところが、孤独なネット資料調査の実は他者に開かれている面なのですから。　　　　（有田　亘）

> ◆ 課題：こういう簡易的なファクトチェックを、話題を変えてやってみてください。「ポニョのお母さんの正体は巨大チョウチンアンコウなのか？」など。もちろんジブリ以外のテーマでもかまいません。

図書館をもっと使いこなす

1. あえて今、図書館で文献を探す

　研究を始める第一歩は、関心をもったテーマについての「**資料**」にいろいろとあたることです。もちろん、ひとくちに資料と言ってもさまざまな形態があり、手に入れる手段もそれぞれなのですが、この章では、あえて今「**図書館を使いこなして文献を探す**」ことの有効性を伝えたいと思います。図書館を使いこなすとは、単に **OPAC** の使い方や本の借り方を知っているというだけではなく、いつ、どういう心構えでどう図書館を使えばよいのかを知っているということです［》一次資料／二次資料、ネットでのリサーチスキルについては第 26 章］。

2. ネットがあれば図書館は不要か？

　さて、図書館で文献を探すというと、ネットの方がずっと多くの情報が見つかるのになぜわざわざ？…と思うかもしれません。もちろん研究のために、ネットはどんどん活用すべきです。しかしネットの情報は豊富すぎるため、無価値な情報の山からまともなものを探すには、実は対象への予備知識や見識が少なからず求められます。それは AI サービスを使う場合も、基本的に同じです（ChatGPT等のチャットボットの回答は、ネット情報を学習し要約したものだからです）［》第 21 章］。

　いっぽう図書館がもつ情報は、ネットよりはるかに量は少ないですが、あらかじめよく選択・整理されており、基本的に**確かさ**が保証されています。何か新しいことを学び始めたいなら（とくにあなたが人文系の学部生なら）まずは図書館でベーシックな知識を得て、問題の全体像を把握するのが現在でも近道です。加えて図書館では、そもそもネットにはない情報にも大量に出会うことができます。デジタル化されていない紙の資料、有料の**データベース**などです。今はネットでなんでも手に入るように感じられる時代ですが、だからこそネットで

は手に入らない情報に注意を向けているかどうかで差がつくのです。

 ### 3. 図書館は使いづらい？

　ただし図書館で情報を探すには、ネットとは別の意味で、結構コツが要ります。オンラインでの資料検索など図書館の利用者むけインターフェースは（googleよりは予算がないので）やや分かりにくく、快適なスマホや瞬時に答えを返す検索サービスに慣れたあなたは、戸惑うかも知れません。大学の授業のための調べ物を、検索上位のまとめサイトだけで済ませたくなる気持ちはよくわかります。しかし使いやすいことと、優れた情報が載っていることを混同すべきではありません。幸い、図書館の各種インターフェースの使いづらさの大部分は、若干の辛抱と慣れで乗り越えられます。ぜひ「快適な方に流れる」というふだんの身振りに逆らい、使いにくくても、ちょっとだけ頑張ってみましょう。

4. 図書館の資料を使う時の3つのポイント

　図書館には、古い貴重書から最新の娯楽映画のパッケージや電子書籍まで、多様な資料があります。何をどう使うべきかも、研究テーマ次第なのですが（たとえば多くの理系分野では、最新の学術論文を読みこなすのが第一歩です）、ここではみなさんの分野向けに、3つほどポイントを絞ってお伝えしたいと思います。

　ひとつは、人文系の研究書（学術的な単行本）の読み方です。研究のために読む本は、小説と違って頭から読んだり読破する必要はありません。いきなり途中の箇所、自分に関係しそうな箇所から読み始め、必要に応じて前後に読み広げていくのが得策です。また、本文だけでなく、巻末の**参考文献**リストがとても大切です。参考文献は、著者がその書籍を書く上で参考にした「ネタ元」だからです。すべての学術書は、見えないネットワークでお互いにつながっています。参考文献をたどり、次に借りるべき本を発見していきましょう。

　同時に、本の章立てや全体像にも注意を向けましょう。なぜなら研究書は、一般に特定のテーマについての体系的な見取り図を提示しようとして書かれて

おり、つまりあなたの研究の構成や論述の組み立ての手本になるからです。これについては、まず目次だけ見て本全体の大まかな流れを想像する習慣をつけるところから始めるとよいでしょう。

その上で、デジタル化された資料や専門的データベースにも親しみ、これを積極的に漁ってほしいとも思います。大学図書館は、（超・高額な）論文データに加えて、過去何十年分もの新聞や雑誌記事、辞典や百科全書などを検索・閲覧できる、さまざまな電子サービスを、みなさんのために契約しています。それらを活用できると、調査の効率は爆発的に向上します。電子化資料の海のなかからまだ誰も本や論文として紹介していない情報を発見し、従来の見取り図をほんの少し更新できたら、卒業論文としては十分な成果です。こうした**デジタルアーカイブ**の価値や凄みは、まだ（専門の研究者でさえ）認識していない人も多いので、初歩的な利用法を知っているだけでも、大きな武器になります。

5. あなたの大学の図書館は、もっと偉大なものの一部だ

ここまで、「図書館で文献を探す」ことの有益さを述べてきたのですが、現実には、図書館の充実度（蔵書量や契約データベースの数）には、大学間で途方もない格差があります。また音楽に関する資料なら音大というように、特定のテーマに特化している大学図書館も多くあります。つまりあなたに必要な資料が、必ずしも身近な図書館にあるとは限らないのです。

ですが、たとえ自分の大学の図書館の規模に満足できなくても、諦める必要はありません。なぜなら図書館同士は、実は互いに強力につながっており、全国、全世界のネットワークを通じてあなたを手助けしてくれるからです。たとえば図書館にリクエストすれば他の（つまり世界中の）図書館から蔵書やそのコピーを取り寄せることが可能です。また多くの大学図書館は、他大学の学生でも（自分の大学図書館に紹介状を書いてもらうなどすれば）直接利用できます。

ですから文献を探す時は、自分の大学の図書館の OPAC だけで終わらせず、近隣にある（場合によっては全国、全世界の）あらゆる図書館から探すようにしましょう。**横断検索**の方法は大学図書館の HP に書いてあるはずですし、職員の

方に質問してもよいでしょう。とにかく近隣の図書館をはじめ、必要であれば世界中の図書館とその資料の総体こそが、あなたにとっての「図書館」なのだと認識しましょう。

　本章ではこれ以上書ききれませんが、他にも図書館には、(たぶん皆さんが気づいていない) 有益なサービスがたくさん存在します。最近は図書館に行かない学生も増えましたが、誤解を恐れずにいえば、今の図書館は「真の価値を知っている人だけ得している」「使ったもの勝ち」の状況です。ぜひ使い方と使い時を覚えて、あなたの研究の強力な土台にしてください。　　　　　（阿部　卓也）

◆◆ 課題「図書館スタッフに相談してみよう」

　図書館内にはレファレンスカウンターという専用の窓口があり、資料に関することはなんでも質問できます。研究で迷ったことがあったら、ぜひ相談してみましょう (最近ではメールや HP からでも相談できる場合がほとんどです)。

A：レファレンスカウンターで「地下アイドルの研究」について質問したら、面白そうな文献を沢山教えてくれた。ネットでは怪しい感じの記事に辿り着いてしまったし、検索で出てきた研究書は高くて驚いたので、図書館に相談してよかったです！

図書館員：喜んでいただけて嬉しいです！ 私たちは質問の答えになりそうな資料を探したり、資料の探し方 (図書館の使い方) を教えるのは、得意なんです。

B：意見が異なる 2 つの資料を見つけたので、「どちらが私の役に立ちますか？」って相談したら、答えがビミョーでした。😕

図書館員：ごめんなさい、答えが資料に書かれていない質問は、あまり得意じゃないんです。でも、その質問はゼミの先生にすれば、きっと丁寧に教えてくれますよ。🎓

C：自分の質問が図書館向きかどうかわからないんですが…。

図書館員：迷ったり遠慮するくらいなら、気軽にレファレンスに尋ねてください！ 図書館で答えられない質問でも、どこに相談すべきかを助言できます。できれば相談に来る前に、自分でも OPAC やデータベース等で下調べをしてもらえると、私たちもポイントを絞ったアドバイスがしやすいし、何より、あなた自身が知りたいことがはっきりするので、オススメです！

謝辞：本章の執筆に際してご助言をくださった、鈴木尚子氏、古島唯氏をはじめとする、いくつもの大学図書館のライブラリアンの方々に、御礼を申し上げます。

CHAPTER
24

実態を知るためのデータや資料：
公的統計を活用しよう

1. 実態を知る

23章では研究資料を図書館でどのように集めるのかを学びました。学術書は特定のテーマについての見取り図を提示するものだと示されていましたね。

さて、みなさんは文献調査が終わって、問いが立ったら「調べにいこう！」と急ぎ足になってはいませんか。実は、調査に行く前にやっておくべき作業があるのです。本章では、「実態を知る」ための統計データ（数量データ）や白書について紹介をし、その調べ方をお教えします。

2. 公的統計の利用

みなさんが読んだ文献に、なんらかの数量データが示されていたのではないでしょうか。たとえば、「2010年には、国内で初めてモバイル端末からのインターネット利用者数がパソコンからの接続者数を超えた」（総務省 2019）などの記述も数を用いていますよね。もしあなたがインターネットの利用に関心があるなら、このようなデータを確認しておいて損はないはずです。自分一人では全国のどのくらいの人がインターネットを利用しているのか、その人数について調べることはできません。しかし、社会的に重要なデータは、国が実態を把握するため、また社会全体で利用される情報基盤となるため（もちろん大学での研究利用を含む）、さまざまな調査によって収集されているのです。国の行政機関・地方公共団体が作成する統計を「**公的統計**」といい、データが公開されています。自分で調査をしなくてもわかることがたくさんあるのです。

具体的に考えてみましょう。たとえば、上にあげた文章は2019年に総務省が発行した情報通信白書の文章です。この文章は「通信利用動向調査」のデー

タを根拠に記されています。通信利用動向調査とは、総務省が世帯（全体・構成員）および企業を対象に、毎年実施しているものです。統計データは e-Stat という政府統計ポータルサイトからダウンロードすることができます（「e-Stat 政府統計の総合窓口」https://www.e-stat.go.jp/）。たとえば、e-Stat のトップページのキーワード検索で「通信利用動向調査」と調べてみてください。各年のデータがダウンロードできるようになっています。たとえば、2022 年通信利用動向調査から、この調査の対象になった世帯のうち 40.0％がタブレット型端末を保有していることがわかります。

　公的統計の代表的なものに「国勢調査」があります。これは、5 年に 1 回、日本に住んでいる人全員を対象に、性別や結婚しているかどうか、就業状況などについて調べたものになっています。それ以外にも、学校基本調査（各学校への進学率やその男女別の割合など）や労働力調査（どのくらいの人が働いているかなど）、社会生活基本調査などで多くのことがわかります。社会生活基本調査では、起床時間や睡眠時間までもが調べられています。これらも、e-Stat からデータを取得できます。17 の分野から選択して探すこともできますし、地域別に主要なデータを探すこともできます。

　ここで少しだけ調査のやり方について示しておきましょう。統計的な調査には、**全数調査**と**標本調査**と呼ばれるやり方があります。全数調査とは、該当する対象者全員を取り出す調査のことをいいます。「国勢調査」は日本に住んでいる人全員を調査する全数調査です。全数を調べるので、精確な結果がでてきます。しかし、対象者が少なければ全員を対象に調査を実施することができますが、日本の住んでいる人全員となると非常にお金がかかります。加えて、得られたデータを整理するのも大変です。そのため、偏りのないように一部を取り出して調査し、全体を推測する標本調査も用いられています。先にあげた通信利用動向調査は、標本調査に該当します。こうした 2 種類の調査のやり方があります。

　実態を把握する上で、重要な公的統計についてみてきました。こうした公的統計を用いて、白書や報告書が執筆されています。白書とは、公的統計を用いて、日本の実態を記述したものです。e-Gov ポータルに一覧が掲載されているので、みてください。たとえば、情報通信白書には、デジタル化社会について

の詳細が記述されています。研究書がある特定のテーマに関する見取り図であるならば、統計データや白書は、そこに描かれている道や建物について詳しく示してくれるものといえるでしょう。

　公的な研究所が発行する報告書・データもあります。たとえば、国立社会保障・人口問題研究所が人口推移や結婚や出産に関して調査を実施しています。結果は e-Stat 上からも得られるのですが、研究者がその結果を解説してくれています。たとえば、夫婦関係について関心がある人は、出生動向基本調査の報告書を読むとよいでしょう。恋愛結婚と見合い結婚の推移などが示されています。その他、独立行政法人労働政策研究・研修機構も、労働に関する調査を実施し、たくさんの論文や報告書を発行しています。労働に関心がある人はこうした研究所の報告書などにも目を通すことが必要でしょう。

　民間企業でも研究所やシンクタンクをもっているところもあり、それぞれに調査を行っています。ただし、公的統計ではないので、調査のやり方やデータの信頼性については、各調査によって異なります。こうした調査も関心にそったものが見つかる可能性もあるので、調べてみてください。

▓▓▓ 3. データをつかうコツ

　さて、簡単にデータ・白書の調べ方について示してきました。こうしたデータを、研究に使うには、ちょっとしたコツがあります。

　はじめに、そのデータや情報を根拠として利用することです。これは、データを文献と同じように扱うことでもあります。あなたが近年のタブレットの利用について論じたい時、「日本では 4 割の家にタブレットがある」ことは重要な事実でしょう。他にも、学校基本調査から「1990 年には 36.3％だった大学・短期大学進学率（浪人含む）は、2022 年には 60.4％となっている」ことを経年変化の表とともに示せば、大学・短期大学進学率の上昇を示すことができます。

　次に、そのデータ自体の分析です。社会学の祖ともされる**エミール・デュルケーム**は、自殺の統計を分析し、社会学的な自殺の要因を考えました。彼はキリスト教のなかでもその種類によって自殺率が異なることから、自殺に至る社

会的メカニズムを明らかにしたのです。これが、今では社会学の古典といわれている『自殺論』です。これまで明らかになっていない事象と事象との関係を問い、公的データからその関連や要因を示すことができれば、自分で調査を実施しなくてもデータの加工で研究をすすめることができるのです。

　また、人に話を聞きに行く時の参考にすることもできます。みなさんは、後の章で人に話を聞きに行くことについて学びます。しかし、**調査協力者**がどういう状況に置かれているのかを事前に調べておいた方が、より適切に話を聞くことができるはずです。29章では「沖縄の若者」についての研究が紹介されます[》第29章]。「沖縄の若者」の進路について自分で調べる前に、まずは公的統計を知っておくことが重要となります。2022年3月の高卒者（全日制・定時制）の大学等進学率が59.5%、それに対し、沖縄は44.6%（全国最下位）です。加えて、高卒後、進学も就職もしていない者が、全国では4.4%であるのに対し、沖縄では11.2%（全国最多）です（筆者が割合を計算）。こうしたことを知っておかなければ、質問を考えることもできません。インタビュー調査の場合、相手のことを事前にたくさん調べておくことで、相手が話してくれることもあります。自分で調査に行く時も、事前にわかることは十分に調べてから行く必要があるのです。

■■■ 4. みんなも調べてみよう

　本章は、公的統計の調べ方、白書・報告書の調べ方について示しました。続けて、そのデータを用いるさいのコツをお話しました。私たちは、自分たちでできる調査には限りがあります。ですが、すでにある良質なデータを用いて、研究をすすめることができるのです。みなさんもさまざまなデータを適切に引用し、研究に役立ててください［図書館利用》第23章］。　　　**（妹尾　麻美）**

　　◆　**課題：e-Stat から20歳から24歳の平均生活時間（令和3年社会生活基本調査にあります）を調べて、自分たちの生活と比べてみよう。**

CHAPTER 25

「いま」を理解するための
ソーシャルメディア分析：
可能性と限界

1. ネット社会とソーシャルメディア分析

　最近、SNS［》》第3章］や動画共有サイトなど、送り手と受け手が「多対多」であるソーシャルメディアのコミュニケーションを分析の対象としたレポートや卒業論文を書きたい、という学生の声をよく聞きます。たしかに、身近な趣味にせよ、経済や政治をめぐる問題にせよ、現代社会とソーシャルメディアは大きく関わっています。

　しかし、やってみたいという気持ちの一方で、具体的にどのようにソーシャルメディア分析を行えばいいか分からない人が多いのではないでしょうか。そこで本章では、学生による具体的な研究事例に基づいて、ソーシャルメディア分析のしかたを提示します。

　前章までのインターネット検索［》》第22章］や図書館［》》第23章］、統計データの活用［》》第24章］をふまえたうえで、SNSや動画サイトも分析の対象とすることができれば、メディア論や社会学的な研究の幅がさらに広がるのではないでしょうか。

2. ソーシャルメディアとメディア研究の3地点

　そもそもソーシャルメディアに限らず、メディア研究には送り手・コンテンツ・受け手という研究の3地点があると言われます。マスメディアの典型としてテレビで例を示すならば、送り手は放送局の体制や出演者、コンテンツは番組の放送内容、受け手は視聴者になります。もちろん、ひとつの研究ですべての側面を分析する必要はありません。

　この枠組はソーシャルメディアにも応用できます。YouTube ならば、送り

手側はプラットフォーマーである Google や個々のコンテンツを作成・公開している YouTuber、コンテンツはチャンネルや番組の内容、受け手側は視聴やコメントをする人でしょう。

ただ、ソーシャルメディアの場合、送り手と受け手がしばしば判然としないことに注意が必要です。YouTube や TikTok でふだんは「見る専」だけど、たまに投稿する人は少なくないでしょう。Instagram や X（旧 Twitter）などの SNS では、送り手と受け手を兼ねる人がほとんどかもしれません。

とはいえ、ある時点のコミュニケーションを取りあげる場合、ソーシャルメディアであっても送り手・コンテンツ・受け手をいったん区別することは有効です。この考え方をふまえて、次節からは具体的な事例を見ていきましょう。

3. コロナ禍におけるライブ配信の研究

ここで取り上げたいのが、2021 年に行われた「配信で観るお笑いはつまらないのか：コロナ禍のお笑いライブシーンにおけるファン行動の変容」という谷川あずささんによる卒業研究です。研究の出発点となった問題意識は、副題にある通り、COVID-19 によるコロナ禍でのメディア状況でした。2020 年から 21 年にかけて**オンラインライブ**が広く行われるようになりました。それをきっかけとして、コロナ禍が収束した現在でもオンラインライブは定着しています。ライブというと音楽のことが思い浮かびますが、谷川さんは創発的なコミュニケーションが行われる「お笑い」ジャンルのライブを選びました。

研究は「**問い**」と「**答え**」からなります。この研究での「問い」は「コロナ禍におけるお笑いファンが配信ライブをどのように楽しんでいるのか」「芸人とのコミュニケーションがどのように変化したのか」です。論文の表題もこれを言い換えたものでしょう。さらにそこから、お笑い以外のジャンルを含めたオンラインライブ全体の特徴を考察していく、という構成となっています。

では、こうした問題意識からは、どういった対象を選び、どのような分析方法を取るとよいのでしょうか。彼女はまず、お笑いライブを「現地での観覧に付随した形で行われる配信」と「無観客で行われる配信ライブ」に分類したう

えで、現地の同じライブと比較することでオンラインライブの特徴がわかる前者を調査対象に設定しました。具体的に行われた調査は、次のふたつです。

■■■ 4. オンラインライブの調査と現地との比較分析

　第一に、配信ライブを多数視聴し、その特徴からオンラインライブのコミュニケーションに関する類型を導き出すことを目指しました。具体的には、2021年1月1日〜11月21日の間、実際に視聴した計91本の配信ライブでの出演者の発言やチャット欄の様子を記録し、フィールドノートを作成しました。フィールドノートで用いたのは紙のノートです。ソーシャルメディアのコンテンツやコミュニケーションであっても、記録の早さでまだまだアナログなノートの利便性はあります。それに加えて、補助的にデジタルな記録手段も併用するとより効果的です。谷川さんの場合も、部分的にスクリーンショットを保存したり、盛り上がって話題になった場面などはX（旧Twitter）での反応も記録したりしました。

　ここから、芸人が配信で視聴している客を意識している様子や、主催者とファンの距離が現れたシーン、SNSが重視されることなど、オンラインライブに固有な要素が導出できました。また、芸人が客として配信に参加していたシーンがあり、ここは送り手と受け手が入れ替わるソーシャルメディアの特徴と言えそうです。

　第二に、現地観覧とオンライン観覧との比較を行いました。具体的には「疾走前夜 vs スーパーリーチ」(2021年7月31日)を会場観覧ののち、同じライブをアーカイブで視聴しました。この調査からは、会場観覧でのライブ体験について、視点の自由さ、劇場では観客間の相互作用が強いことがわかりました。また、配信でのライブ体験の方は、他の客が見えないことや機材の問題で画面が白飛びするなどライブ感を薄める要因があった一方で、芸人のコメント欄での参加といった配信ならではのライブ体験を形成する部分もあったことが明らかになりました。

　2つの調査結果をふまえて、「オンラインライブはつまらないのか」という問

いに対し、「オンラインライブには現地のライブと別の面白さがある」という答えが提示されました。そこから、現地ライブの補助として行われていた配信が、今後も一つの選択肢として定着していくという見通しも提示されました。

▰▰▰ 5. すべてがソーシャルメディアに出ているわけはない

　上記の研究は、メディア研究の 3 地点のうち、出演者の芸や発言に関しては「コンテンツ」、視聴者が書き込むチャット欄や SNS での発言は「受け手」を分析したものと言えます。ソーシャルメディアやネット上の人々の活動は「いま」の現象であるわけで、プラットフォームの仕様は日々変わりますし、サービスの展開も日進月歩です。そのため、ソーシャルメディアを使った研究は、工夫次第であらゆる可能性に開かれているでしょう。

　ただ、ここで注意すべきは、ソーシャルメディアが社会のすべてではない、という当然の事実です。ネットに出ていない出来事もたくさんありますし、そもそも幼児や高齢者で使っている人は相対的に少ないです。

　実際、前節までで示した研究も、配信動画やチャット欄・SNS の発言を分析する一方、現地のフィールドワークも行うことによって、コロナ禍のメディア・コミュニケーションの一端を捉えることができました。本章で紹介できたのはソーシャルメディアを研究に使ったひとつの例に過ぎません。他にもさまざまなテーマでソーシャルメディア分析による興味深い研究が可能でしょう。

（松井　広志）

　　❖❖　**課題：あなたの趣味や関心のある文化現象について、ソーシャルメディア（SNS、動画・イラスト・小説投稿サイトなど）を、どのように研究手段として用いることができるだろうか。研究のプランを構想してみよう。**

ウィキペディアを書いてみる

1. ネット社会におけるウィキペディア

　インターネットとモバイルメディアが普及した現在、調べものをする際には「ググる」ことが当たり前のものになっています。その際、上位にネット百科事典の最大手であるウィキペディアの記事がヒットすることも多いでしょう。こうしたなか、学生がレポートを書く際の「コピペ」元として、ウィキペディアが使われることが問題になっています。それに対して、「レポートにウィキペディアは用いてはならない」という注意がされたりします。もちろん、そうした注意に一定の意味はあるでしょう。

　しかし、「ウィキペディアの使用禁止」自体が、そもそも現在のメディア利用状況からは実情に合っていないかもしれません。ウィキペディアという事典サイトの特性を理解する、より適切な方法はないのでしょうか。

　ところで、メディアを理解する上では、単なる「受け手」ではなく、**「送り手」の立場**になってみる経験が重要です。その観点から行いたいのが、「ウィキペディアの記事を書く」という実践です。

　そもそもウィキペディアは、2001 年 1 月に英語版で始まった**フリー**のオンライン百科事典です（同年 5 月からは当初はローマ字表記だった日本語版も開始、2002 年 9 月からは、かな文字・漢字も使用可能に）。ウィキペディアは一般的なウェブブラウザで簡単に編集できる Wiki というシステムを用いているため、不特定多数の人が記事を追加・修正できます。こうした**集合知**によって、日々中身が更新されているのがウィキペディアの特徴です。ただ、読者のみなさんのなかには、「そもそもウィキペディアを簡単に編集できることを知らなかった」という人もいるかもしれませんね。

■■■ 2. 執筆のプロセス

　ウィキペディアを書く授業は、欧米の大学ではしばしば行われており、日本でもそうした試みはあります。では、どういうプロセスでウィキペディアを書いていけばよいのでしょうか。

　まず「ウィキペディアへようこそ」（https://ja.wikipedia.org/wiki/Wikipedia:ウィキペディアへようこそ）や「記事を執筆する」などの、ウィキペディア日本語版内のルールや方針を書いた記事を熟読しましょう。

　次に、「自分が良い（充実している）と考える記事」と逆に「良くない（充実していない）と考える記事」を見つけます。できれば、その記事について、「良い」／「良くない」と考えた理由を友人などと話しあうと、さらに多面的に検討できます。これは、どこが「良い」のかを明らかにすることで、記事を自分で書く際のお手本として活用していくためです。

　こうした検討の成果を活かして、まだウィキペディア日本語版に存在しない記事か、すでに存在するが不十分な内容の記事から、作成したい項目を考えましょう。作成する記事を決めたら、書くための資料を探していきます〔≫資料やデータ探索の方法については、第23、24章を参照〕。

　資料を集めるのと並行して、とくに同じジャンルの「良い記事」を参考にしつつ、記事の構成を確定していきましょう。構成が決まれば、実際に記事の中身を書き始めます。

■■■ 3. いくつかの注意

　記事を書く際には、ウィキペディアが禁じる「宣伝」や「独自研究」にならないことが必要になります。前者はその名の通り、特定の企業や商品の宣伝になる記事はダメということです。

　後者については、詳細はウィキペディアの「独自研究は載せない」（https://ja.wikipedia.org/wiki/Wikipedia:独自研究は載せない）という項目に書いてある通りですが、とくに注意すべきは「ウィキペディアの記事は、公表済みの信頼できる

二次資料（一部では三次資料）に基づいて書かれていなければなりません」という部分です。資料は「一次資料」「二次資料」「三次資料」に分けられるのですが、**一次資料**とは、あることがらにかかわった本人が書いたもの、あるいはその人から取得したデータです。こうした一次資料を材料にした記述や研究が**二次資料**です。そして、一次資料や二次資料の概要をまとめたものが**三次資料**になります。

　この分類では、ウィキペディアのような百科事典は三次資料です。そのため、ウィキペディアは、すでにある文献の引用の集積であり、基本的に二次資料から書くものです。

　しかし、ここからが少しややこしいのですが、先の「独自研究は載せない」という項目には、よく読むと「ただし、一次資料は注意深く使えば出典とすることができます」と書いてあります。どういう場合に一次資料の使用が許されるのかというと、先の引用箇所の続きに「記事が一次資料だけを出典としている状態は避けねばなりません」とあります。すなわち、既存の研究二次資料を集めつつ、それでもなお書けない部分は、補助的に一次資料を使ってもよいということです。

▦ 4. リサーチスキルとメディアリテラシー

　では、上記のようにウィキペディアを書くことを通して、何が学べるでしょうか。

　まず、ウィキペディアの記事が、抽象的で無色透明なものではなく、自分たちと同じ「人」が何かの資料に基づいて書いたものだ、ということが実感できます。また、論文執筆に必要な、文献探索などの**リサーチスキル**（調査能力）を習得できます。さらに、調べたことを的確に表現する要約力や、他人の文章をレビューする批判的読解力が高まります。「書く」作業を通して、こうした能力が自然と身につくのが、ウィキペディアに関する（単に受動的に読むだけでない）「いろいろある」使い方のひとつです。

　最後に、ネット社会におけるウィキペディアへの接し方について述べます。ウィキペディアは非専門家を含む不特定多数の人によって書かれているため、

記事の信憑性に疑問が残るともいえます。しかし、ウィキペディアを使う際には、「絶対に使わない」と「すべて信じる」の両極端ではなく、それぞれの記事を批判的に読むという（ある意味では当たり前の）作業が必要です。そこに見出せるウィキペディアとの接し方は、インターネットが遍在したこの社会でさまざまなメディアをより良く使っていく、ネット時代の**メディアリテラシー**（メディアを適切に読み解く能力）全般に通じているでしょう。　　　　　　（松井　広志）

◆ 課題「ウィキペディアの記事を書く」

　上の記事は、学生が実際に作成した**記事の例**です（https://ja.wikipedia.org/wiki/PROPORTION_BODY_DRESSING）。「日本のファッションブランド」**カテゴリ**として必要な情報（会社、設立年、特徴、展開の経緯など）と、出典を示す**脚注**が書かれています。

　ウィキペディアは有志のボランティアによって集合的に作成されています。そのため、他の人から記事の修正や追加を求められる場合があります。　その場合、コメントが妥当であるか検討しつつ、加筆・修正していきます。

　この例をもとにしていうと、「唯一の出典にのみ基づいています」という指摘に関して、現状では『CanCam』のみとなっているので、**他の情報源**も追加しなければなりません。また、「書きかけの項目です」という表記は、まだまだ分量が少ないのでさらに中身を充実していく必要があるということです。

CHAPTER 27

ミュージアムの展示を調べる

 1. ミュージアムに行ってみる

みなさんは、**ミュージアム**（美術館や博物館）にはよく行かれるでしょうか？ 小中学校や高等学校の社会見学で行った「勉強」の印象や、美術などの「アート」に付随する高尚なイメージをもつなど、いろいろな方がいらっしゃると思います。最近では、マンガやアニメ、ファッションなどのポップカルチャーを題材としたミュージアムや特別展も増えています（石田佐恵子・山中千恵・村田麻里子編2013『ポピュラー文化ミュージアム』ミネルヴァ書房）。

では、このような状況のなか、ミュージアムを単に楽しむためだけでなく、大学の勉強の題材にするにはどうすればよいのでしょうか？ その方法はいくつかありますが、本章では自分の実感に即しながら学問の対象として調査する方法を紹介していきます。

 2. 調査の準備

具体的な調査対象にするミュージアムを選びます。本章では、期間限定の展覧会やイベントを調査対象としましょう。

最初に、現在あるいは近い将来にどういう**展覧会**があるのか、調べていきます。「インターネットミュージアム」（http://www.museum.or.jp）という Web サイトには、「展覧会・イベントの検索」というタブがあり、イベント名や地域などで検索できます。自分が興味のあるジャンルや作家・作品のワードを入力してみたり、行ける範囲の場所で開催中の展覧会を網羅的にチェックしてください。また、『美術手帖』や『BRUTUS』、『PEN』などの、アート・カルチャー系といわれる雑誌では、しばしばミュージアムに関連する特集が組まれていますので、これらを参考にするのもよいでしょう。

行きたいところを絞ってきたら、次に、そのミュージアムの公式 Web サイトで情報収集してみましょう。最近は多くのミュージアムが（ミュージアム間の、あるいは他の種類の施設との競争のなかで）告知・宣伝に力を入れており、なかには展覧会の特設サイトを設けている場合もあります。

　また、図書館の資料から［》第 23 章］、あるいはウィキペディア［》第 26 章］やブログなど他の Web サイトでミュージアム名・展覧会名を検索してみても、別の情報が得られます。すでに会期中なら、SNS でタグ検索を行って、実際に行った人の感想を見るのもおもしろいでしょう。

3. 調査事例：「歴史」の展示

　以下、本章では、ポップカルチャー関連ではなく、あえて**歴史**を扱った展示を事例としていきます。その理由は、人によっては「お勉強」に思えるかもしれないこうした展示も、見方によっては興味深いものになるからです。取り上げるのは、岡崎市立美術博物館で開催された「大鎖国展」（2016 年 4 月 9 日～5 月 22 日）です。

　まず、前節で述べたように、展覧会の案内のページを読んでみましょう（http://www.city.okazaki.lg.jp/museum/exhibition/pastexhibition/2016/p020435.html）。説明文は、「江戸時代の日本が完全に『鎖された国』ではなかったことは、広く認識されてきています」という一文から始まっています。どうやら、一般的な「鎖国」イメージを問い直そうというねらいがあるようです。

　続けて、「一方で海外渡航が禁止されるなど、世界とのつながりは限定的であったのもまた事実です。その限られた中でもたらされる異国の文物に人々は憧れ、時に誤解を伴いながらそれを受け入れていきました。本展では、国宝・重文 20 点あまりをはじめとした、古文書・典籍から絵画・工芸、日用品までの幅広い約 160 件の資料が一堂に会します」と、上記のねらいのなかで、具体的にどういう**モノ**が展示されているか書かれています。

　そして最後はこう締められています。「インターネットで簡単に世界につながる一方で、身近なことでも関心外のことは知ろうともしないことも多い現

代。この展覧会を『開かれた』今を見つめ直す機会としていただけたら幸いです」。 この文章はおそらく、"歴史＝古い話って、今の私と無関係じゃない？"と思う人もいることを想定して、"いやいや、過去は実のところ現在と地続きです！"と主張しているのではないでしょうか。

　では、実際の展示へ行ってみましょう。ここでの観察ポイントは、展示物（モノ）や来場者（人）に加えて、**空間や配置**に注目することです。今回の大鎖国展では、特別展のエリアへの入口がひとつに決まっていないことに気づきます。通常の展示は順路が固定されていることが多いのですが、珍しく入口が四つもあります。

　実はこれは、江戸時代に海外との窓口となった「四つの口」をモチーフとした展示空間上の工夫です。当時はたしかに貿易する国・地域は限定されていましたが、対馬＝朝鮮、薩摩＝琉球、長崎＝オランダ・中国、松前＝アイヌという四つの口と交流相手がありました。本展示では、江戸時代の海外文化を当時のモノや文章で示すだけでなく、部屋の入り口によって空間的に可視化するねらいがあったのです。

■■■ 4. メディアとしてのミュージアム

　これまで述べてきたことからわかるのは、ミュージアムは、モノをあるがままに展示する無色透明なハコではなく、独自のしかたで再構成する「メディア」だということです（村田麻里子 2014『思想としてのミュージアム』人文書院）。

　たとえば、大鎖国展では、近年の歴史学による成果を参照しています。そこでは、幕府の海禁政策はあったものの、実は「鎖国」は幕末になって使われ出した言葉で、江戸時代の大半の時期に使われておらず、当時の実態である「蝦夷・長崎・対馬・琉球を通じた外国の交流」ともズレている、という歴史観から展示が編成されています。

　さらに、ミュージアムという場所自体が特有の性質をもつメディアです。メディアは、それぞれ固有の性質をもち、現実を構成します ［》》第1章・第17章］。同じ歴史的事実を扱っても展示のしかたはいろいろありますが、ミュージ

アムというメディアは、展示品やキャプション、空間自体を使って、ある歴史像を作り上げています。さらにミュージアムは、歴史ドラマ、マンガ、教科書などの他のメディアとともに、人々にとっての特定の時代や人物についてのイメージ（すなわち、「歴史」の理解）を形成しているのです。

　あるミュージアムで、何がどのように展示されているのか（あるいは、そこでは何が展示されて「いない」のか）？　ミュージアムの展示を調べる際には、こういった「メディアとしてのミュージアム」という視点をもつことであらたな発見ができます。

（松井　広志）

◆◆◆　**課題：「ミュージアム調査ポスターの制作」**

① **全体**：A4 の厚紙 1 枚に、写真や手書きイラスト、文字を使って作成する。
② **パート分け**：本文で詳しく述べた「事前に設定した観察項目」や「スタッフへのインタビュー」などの調査結果を、いくつかのパートに分けて文章でまとめる。
③ **写真**：ミュージアムの外観や展示品など　＊写真撮影の許可が得られない施設の場合は、模写したイラストで代用する。
④ **イラスト**：来館者の様子（展示品を見たり話している人の様子や、どの辺りに人が多くいるのか、など）をイラストにして描く　＊ピクトグラムや記号を使った模式図にしてもよい。
⑤ **タイトル**：調査対象や問題意識、分析の視点がわかるような適切なタイトル・サブタイトルをつける。
⑥ **参考文献**：引用・参照した論文や資料、web ページがあれば、記載する。

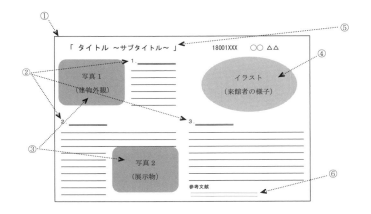

CHAPTER 28

写真で調査してみる：
フォト・エスノグラフィをよさこいで

1. 書くことだけが調査じゃない

　授業の課題レポートや卒業論文、研究者が執筆する論文や書籍の大部分は、文字で書かれた「書き物」として仕上げられます。そして、調査では、人々の「語ったこと」や調査者がフィールドで「書き残したもの」、参考資料や文献といった「書かれたもの」が重視されながら進められることが普通です。この傾向には、実は弱点があります。それは、人が意識的に「語ったこと」や「書き残したこと」、調査者が「書きたい」と思っていることばかりにとらわれてしまうことです。少し考えてみてください。わたしたちは、24 時間 365 日、常に「わたしが○○という行為をしたのは、××という理由があったからだ」と他者に説明できるほど、論理的に行動しているでしょうか。実際には「なんであんなことしたの？」とたずねられて「なんとなく…」としかいえないような、何の気なしにやっていることの方が多かったりしませんか。もし、そうだとしたら、「語り」や「書かれたもの」、自分が「書きたい」と意識的に思っていることの外側に、気にもとめていないが人々の意識やふるまいに重要な影響を与えていることが隠されているかもしれません。

　そうした、隠されていることを明らかにするための方法論の一つに、**フォト・エスノグラフィ**というものがあります。本章では、このフォト・エスノグラフィのやりかたを説明してみたいと思います。

2. フォト・エスノグラフィとは何か

　エスノグラフィ（**民族誌**）という言葉には、特定のフィールド（調査地）へおもむき、一定の期間にわたって研究対象と接しながら調査を行う参与観察の方法と、

その成果物として、しばしば文字媒体によってまとめられた成果物、という２つの意味合いがあります。一方、フォト・エスノグラフィでは複数枚の写真（静止画）が主役です。その利点は、人が意識的に「語ったこと」や意識的に「書き残したこと」ことばかりにとらわれるのではなく、フィールドの調査協力者や調査者自身が十分には意識していない、こぼれ落ちてしまいそうな社会的現実の断片を、撮影された写真のなかから見つけ出し、拾い集めることで明らかにする可能性にあります。視覚的かつ機械的に記録できる写真というメディアを使うことで、調査者・調査協力者・フィールドの無意識のようなものを探りあてるような方法だ、といってもいいかもしれません。

ところで、成果物としてのフォト・エスノグラフィにはまだ決まったやり方がありません。現在のところ、一つのストーリーを読み取らせるように複数枚の写真を配列する「組み写真」タイプ（岩谷洋史 2016「フォト・エスノグラフィー——写真の組み合わせによる現実の再構成」『100万人のフィールドワーカーシリーズ第14巻フィールド写真術』）や一度制作した組み写真を再度分解して文章中に１〜２枚ずつ埋め込む「埋め込み」タイプなどがあります。どのような成果物を制作するべきなのかは、問題設定やフィールドの特性や制約に左右されるので一概にはいえませんが、目安としては100枚ほど撮影し、そのなかから16枚ほど選び出すと、明らかにしたいこと・説明したいことがある程度、表現できるかと思います。なお、どちらのタイプでも、実際に撮影できた複数枚の写真を主題に応じたロジック（時系列、比較、行為の分節化など）に基づいて、分類し、選択し、

配列の順番を試行錯誤するなかで、まだ明らかにされていない社会的現実を浮かび上がらせることが目指されます。以下では、よさこい踊りをテーマにして撮影された写真を手がかりに、フォト・エスノグラフィのポイントついて検討してみましょう。

図 28-1　手拍子をしながら待機する踊り子たち

■■■■ 3. 撮影・分析のポイント

　図 28-1 は 2016 年 9 月 17・18 日に大阪で開催された第 17 回こいや祭りにおいて撮影したものです。執筆者が代表を務めるよさこいチームの出番直前の様子を後方から小型のデジタルカメラで撮影しました。私が一眼レフ等の比較的重量のあるカメラを採用しなかった理由は、演舞の邪魔になる上に、演者らしからぬ持ち物だからです。このように調査対象やフィールドの特徴に合わせて機材は柔軟に選んだほうが良いでしょう。また、フィールドと調査者との関係性がわかる構図で撮影することが望ましいです。なぜなら、写真撮影は、しばしば肖像権の侵害となる場合があるからです。撮影に応じてくれた調査協力者の人権に配慮して撮影しなければならないですし、成果物を公表する際には許諾を得る必要があります。その意味で、許諾を得ているとはいえ、図 28-1 は盗撮に近い構図であり、お世辞にもよいとはいえません。ですが、この写真から読み取れることはあります。撮影者が同じ衣装を着た演者という関係者／利害関係者であるからこそ、演舞直前の待機場所で、踊り子と同じ視線からの撮影が可能だったということです。もし部外者であれば、踊り子から撮影を静止され、祭りのスタッフに待機場所から退出するように促され撮影ができなかったでしょう。同時に、筆者が入りたてホヤホヤの新人メンバーであれば、他の踊り子に本番に集中するよう促され、やはり撮影は困難でしょう。このように、図 28-1 は調査者の**立場性**（Positionality）を検討することでフィールドの様子を把握し、分析するための糸口が示されている 1 枚ではあります。

　さて、図 28-1 は「踊っていない時に踊り子は何をしているか」という筆者の関心のもとで、数百枚の写真のなかから選び出されたものです。まずやるべきことは「この写真に写っていることは何かを丁寧に検討する」ことです。たとえば、手拍子をしているらしい踊り子の姿が映っています。同時に、「この写真の前後にどのような写真があれば『踊っていない時に踊り子は何をしているか』を十分に示す配列になるだろうか」と考えながら、数百枚の写真からさらに複数枚の写真を選び、図 28-1 を含め、並べてみることです。この作業をくり返していくと、しだいに、踊り子の実践の意味が理解できたり、ほかの論

点が浮かび上がることでしょう。そうなってきたら、次にやるべきことは、「わかってきたこと」や「ほかの論点」を、もっとはっきりと示すことができる写真の選択や配列を追求することです。ふさわしい写真がなければ、再び撮影にいく必要があります。また、「わかってきたこと」について、すでに誰かが書いていないかを調べるために先行研究を集めたり読み直す必要もあります。この作業をくり返しつつ分析を深めることで、人々の「語り」や「書かれたもの」「書きたいと思っていたこと」にとどまらない豊かさをもって、人々の実践や社会の仕組みをあざやかに明らかにすることができたのであれば、そのフォト・エスノグラフィはうまくいったといえます。　　　　　　　　　　（ケイン　樹里安）

◆◆◆　課題：自分の関心のあるテーマでフォト・エスノグラフィを制作しよう

　フォト・エスノグラフィは以下のような手順をとります。①先行研究や資料で調査地や調査者協力をめぐる社会的文脈について調べる（おおまかなテーマの決定）、②実際に調査・撮影を行う、③写真の整理・選択・分析、④複数の写真の関係性から分析を深めつつ、写真を並び替えながら「明らかにしたいこと・説明したいこと」を表現できる流れをつくる（必要に応じて写真にキャプションをつける）、⑤成果物をまとめる、⑥成果物を公開する許諾を得る、⑦公開する（「埋め込み」タイプの例は、以下の論文をネットで参照。ケイン樹里安 2017「『踊り子』とは誰か」『市大社会学』14 号）。

　調査を進めるなかで、④→③のように手順が前後することや⑥→①のように根本的に振り出しに戻る場合もあります。写真が主役とはいえ、スマホのメモ機能でもいいのでフィールドノートを執筆し、それを羅針盤としながら粘り強く調査・分析を行いましょう。

　重要なことは、実際に撮影できた写真を手がかりに、どのような配列をすることで「明らかにしたいこと／明らかになったこと」を説明できるかを常に意識しながら作業を進めることです。たとえば、図 28-1 の手拍子をする踊り子の姿から、よさこいチーム間の関係性や祭り会場の様子について説明することはできるかもしれませんが、よさこいのルールが鳴子と呼ばれる木製の打楽器を手にもつことや、よさこい鳴子踊りという楽曲を曲中に入れること、現在では日本を越え世界のさまざまな国で踊られていることなどは、図 28-1 のみでは説明できません。その意味で、写真の選択や配列が命綱の方法論・成果物なのです。「書き物」だけでは描けない社会的現実を、ぜひフォト・エスノグラフィで描いてみましょう。

地元の友人に話を聞いてみる

 1. 身近で頼みやすい人に

　授業やゼミでこのような課題が出されたとします。「テーマを決め、インタビュー調査を実施し、それをレポートとしてまとめなさい」。

　学生のみなさんのなかには、おそらく、レポート課題の提出日がいよいよ近づいているにもかかわらず、まだ何も手をつけていない、いや、そもそもテーマすら決まっていないという人がいるのではないでしょうか。とりあえずは「身近で頼みやすい人」にインタビューを依頼し、レポートを仕上げるしかない、と考える人がいても不思議ではありません。もちろん、テーマを決め、それにふさわしい調査協力者を探すとする「社会調査の大原則」に反するわけですが。

　しかし本章では、あえて、「身近で頼みやすい人に話を聞いてみること」について考えてみたいと思います。というのも、私がとある大学の講義で冒頭の課題を出すと、親や友人、恋人といったいわゆる「身近な人」を対象に選んでいる学生は少なくありません。何より、私自身が、「身近で頼みやすい人」に対して 10 年近く調査を実施してきた経験を有します。それは、「**地元の友人に話を聞いてみる**」という試みです。

2. 「地元の友人に話を聞いてみる」のメリットとデメリット

　2008 年 4 月に大学院に進学した私は、「沖縄の若者の進路や仕事」という漠然とした問題意識を抱えたまま、研究テーマの設定に頭を抱えていました。本や論文などに目を通しても、情報が錯綜するだけ。混迷の極み。

　7 月頃、とりあえず、若者に会って話を聞いてみよう、具体的なテーマはそれからだ、とひらきなおることにしました。私はすぐに、沖縄の地元の友人に調査

を依頼しました。地元の友人に頼んだのは、他でもありません、「二つ返事」で了承が得られると判断したからです。この**アクセス可能性** [》第8章] **の高さ**は、友人調査の一つのメリットです。少なくとも、当時の私のように身動きがとれなくなっている人にとっては、「手を動かしてみる」という対症療法としての意味も大きかったように感じます。さらにいえば、地元の友人らが「**育った地域環境**」について、私自身が知識として「ある程度」は知っているということもメリットかもしれません。インタビュー時に登場する具体的な地名や場所、建物、人名等の固有名詞を共有することができるからです [》地元の祭りの調査については卒論04]。

とはいえ、実際に調査が始まると、思いもよらぬアクシデントの連続でした。まず、約束の時間になっても友人らが現れないのです。いわゆる「ドタキャン」です。「寝てた、すまん。また今度な。それより、いつ飲む?」の電話連絡もありました。当然ながら、調査スケジュールは大幅に乱れました。極めつけは、調査を頼んでいない友人も一緒に同行するパターンです。結局その日は「地元話」に花が咲き、そのまま飲み会へと突入しました。

要するに、友人らには、「健太郎」(私)と久しぶりに会って話す、くらいにしか私の調査が受け止められていなかったのです。後日、友人らとの酒の席で、私が大学院で本格的に研究していることに驚いたと明かしてくれた友人もいました。つまり私は、「調査者」としては迎えてもらえていなかったのです。事前に、調査の趣旨を説明していたにもかかわらず、です。

■■■ 3. 調査者として迎えてもらうために

このように、思いもよらぬアクシデントに遭遇しながらも、結果的には、多くの友人に協力してもらうことができました。友人としての「健太郎」ではなく、「調査者」として迎えてもらうために心がけたことは次のことです。

まず、調査の趣旨説明だけでは足りないという反省をふまえ、できるだけ地元の飲み会や集まりに顔を出し、調査のために地元に戻ってきたことを友人らに伝えようと努めました。次に、非常にささいなことですが、インタビュー時

にある種の「**よそよそしさ**」を演出することを意識しました。たとえば、質問
項目が記載された用紙をわざとらしくテーブルの上に広げてみせたり、IC レ
コーダーを友人の前に差し出してみたり。こうすることで、「調査を始める」
という「堅い」雰囲気が友人らに伝わります。ほかにも、かなり苦労を伴うも
のですが、普段はタメ口の友人に対し、あえて、敬語を織り交ぜて話すことも
効果的だったように思います。友人らの多くが、調査終了後に「へんに緊張し
た」と漏らしていたことからも、「よそよそしさ」や「いつもと違う感じ」を
友人らが感じ取っていたことがわかります。

■■■ 4. 地元の友人と「あらたに」出会う

　『天才バカボン』等で知られる漫画家、赤塚不二夫の葬儀にて、お笑いタレ
ントであるタモリが読みあげた弔辞には次のような一節があります。

> 「私はあなたに生前お世話になりながら、一言もお礼を言ったことがありませ
> ん。それは肉親以上の関係であるあなたとのあいだに、お礼を言う時に漂う他
> 人行儀な雰囲気がたまらなかったのです」

　「よく知っている人」とのあいだに漂う「他人行儀な雰囲気」が、どこか照
れくさく、その「よそよそしさ」に耐えられない。こうした心境は、まさに、
私の地元の友人らが調査の時に感じた心境と重なります。とはいえ、いや、だ
からこそ、友人らの話を聞くためには、ある程度の「よそよそしさ」がどうし
ても必要だった、というのが私の調査経験から得られた実感です。
　インタビュー等の社会調査では、しばしば、調査の相手と「一定の友好的な
関係」(ラポール)を築くことが重要であるとされています。なぜなら、「一定の友
好的な関係」を築くことによって、より正確な情報やデータを入手でき、客観的
な分析が行えるとされているからです。他方で、「過剰な親密さ」(オーバーラポー
ル)は、調査対象とキョリが近い(同一化する)ために、客観性の面で問題がある
とされています。このように考えると、私が実施した「地元の友人に話を聞いて
みる」という試みは、友人らとの「過剰な親密さ」からある程度のキョリをとり、

「一定の友好的な関係」を「あらたに」築いていくための試みだったといえます。私は調査者として友人らと「あらたに」出会い、これまで知らなかった友人らの別の側面にふれることができました。そして何より、混迷を極め、身動きがとれなくなっていた私の研究は、少しずつ前に進み出し、結果的に私の研究テーマが「現代の若者の進路」を考える上で重要であることにも気づくことができました。

　身近で頼みやすい人に話を聞いてみる。こうしたささいなスタートが、ひょっとすると、現代社会を考える一つの手がかりになるかもしれません。その意味で、私は、身近な人にあらたまった形で、面と向かって話を聞いてみることを強くオススメします。「身近な人に話を聞くこと」に興味が沸いたら次の2つの文献を手にとってみてください。①川端浩平 2017「身近な世界のエスノグラフィ」『現場から創る社会学理論』(ミネルヴァ書房)、②朴沙羅 2016「昔の(盛ってる)話を聞きにいく」『最強の社会調査入門』(ナカニシヤ出版)。

(上原　健太郎)

◆◆ 課題:「身近な人に話を聞いてみる」

> 　今回は、幼馴染であり高校球児という立場の人に対して取材をした。知りあいであり仲良しの相手であるにもかかわらず、少し緊張感のある取材となった。高校野球は、社会人野球、プロ野球とは異なり、学校生活の部活動の一環で、授業を受けながら、学園祭にも参加したりしながら取り組むもので、すべてを両立させることは容易なことではない。それは私自身も高校野球を経験している身として感じたことである。今回の相手も、私の高校時代と同じ境遇ではあるが、取材をしてみて、勉強のやり方などは私と異なっていることがわかった。しかし、勉強と野球の両立についての考え方には共感できた。こんな風に、共感できる点もあれば、驚くことも多かった。

上記は、大学生 T さんが実際に作成したレポートの一部です (※筆者による加筆修正あり)。

　T さんのレポートは、幼馴染の「野球と勉学の両立の内実」を伝えるものでした。しかし、そこからは、その両立がなぜ可能となっているのかまではわかりません。もしかすると、家族や友人、先生や監督の存在が、その両立を支えているかもしれません。あることがらを調べると、あらたな疑問が浮かんできます。「疑問→調べる→疑問→…」をくり返していくと、幼馴染を取り巻く日常生活のある特徴が顔を覗かせるかもしれません [>>第 32 章]。またその特徴が、現代社会を考える一つの手がかりとなるはずです。

他者の合理性を理解する：
パチプロから公務員へ

 1. パチプロの大学生

　他者の理解しがたい行為がここでのテーマです。

　他者というのは自分以外の他人ということです。人と接する際に、「この人はなんでこんなことをするのだろう」と頭を抱えた経験のある人も多いのではないでしょうか。そんな場面では、私とは「違う世界の人」、つまり世代や性別、生まれや地域が異なるから、仕方がないことと処理されがちです。人がそれぞれ異なるのはその通りですが、その異なる人が部分的に理解しあうこともまた可能です。一見すると理解できない行為に遭遇した時に、実はその人なりには理にかなっていることがあります［▶暴走族と走り屋については卒論16］。このような理にかなっていることを知ることを、社会学者の岸政彦さんは**他者の合理性**の理解といいます。これは、社会学的にも価値がありますし、そもそも人として生きる際に何か大事なことのように思います。以下では、ある大学生がパチプロから公務員を目指すに至った彼の職業選択を通じて、他者の合理性を理解することについて紹介します。

　広島のある大学で非常勤講師をしていた時に、私が担当する講義の受講生の一人に「パチプロ」の学生がいました。パチプロとは、パチンコやスロットで生計を立てている人を指します。パチンコやスロットなどの**ギャンブル**をかじったことがある人なら周知のことですが、スロットをする人たちは、勝った時にしか勝ったと周囲の人間に言いません。よって、周囲の人たちは勝ってばかりで、みんなパチプロのようにみえてきます。しかし、実際はパチンコ店の経営が成り立つためには、ほとんどのお客がトータルでみれば負けています。また連続して勝ったり、大勝ちすると、スロット仲間から「あの人はパチプロだ」とよく言われます。しかし、自他ともに認めるパチンコで生計を立てている本

物のパチプロにはなかなか遭遇できません。しかし、その学生の話をじっくり
聞いていくと、彼は本物のパチプロであることがわかってきました。

●●● 2 「なに打ってるの」と「なんで打ってるの」

　その学生は、スロットに取り組む姿勢に妥協がありませんでした。私は稼ぎ
の額よりその姿をみて、彼は本当のパチプロだと確信しました。

> おれは100円単位で打った機械（スロット台の種類）と日時と、回転数を、携帯
> とノートに全部記録してるんっすよ。そんで、すべて理由をもって打ってます。
> よくスロット屋で常連の客が「なに（どの台を）打ってるの？」って聞いてくる
> んですけど、それじゃ勝てないんですよ。「なんで（その台を）打ってるの？」じゃ
> ないと。時間つぶしで打つ数百円が貯まっていったら、1万（のマイナス）なん
> てすぐっすよ。それをはしたがねとみるかどうか。そこにこだわれるか、小さ
> なことなんですけど、そこをおろそかにするから、結局トータルで負けるんで
> すよ。
> …
> 勝ったり負けたりはもちろんあります。けど仕事みたいにやってるんで、それ
> でムキになったり、へこんだりはないっす。純粋なギャンブルとしては、ぜん
> ぜん楽しめないです。ある基準を超えてるから、これだけ打つっていうルール
> が自分のなかにあるんで、それに従って淡々と打ってます。（台の）設定は人が
> やってるから、どうしても傾向が出るんですよ。それをよんで、打つ台と入れ
> る額を事前に決めてから打ちます。どうしても、あとちょっと、あとちょっと（打
> てば当たる）って（いう気持ちに）なるんですけど、それが結局負けにつながるん
> で。

　スロットを打つ時に、「なに打ってるの」ではなく、「なんで打ってるの」と
問うことが大事であると、彼は教えてくれた。何かに取り組む際に、漠然とや
るのではなく、その取り組みのねらいを意識することは上達の近道といえます。
彼のスロットに取り組むこの態度から、それは趣味や時間つぶしではなく、安
定した収入を得るプロの仕事として取り組んでいることを、私は確信しました。

●●● 3. パチプロから公務員へ

　彼は大学4年次になった頃、突然パチプロを辞めました。公務員対策の予備校に通うために時間がなくなったそうです。なぜ彼はパチプロではなく公務員を目指すことになったのでしょうか。彼のパチプロの日常を紹介しながら、その変化について考えてみます。

　　パチプロって、楽して稼いでるみたいですけど、世の中楽して稼げることなんてないっすよ。おれなんて月に30（万円）稼ぐために、ほとんど毎日、閉店前にその日の（当たりの）回転数を見に行って、決めた台を次の日の朝イチで打ちに行きます。見に行くときは本当に見るだけです。人に（狙った台を）取られたらダメなんで、開店前の9時前から並ぶんです。夜から朝まで、それを週末も毎日して、月に30万です。時々、バイトした方が自由な時間があっていいなって思いますよ。おれこんな規則正しく毎日通ってて割にあってないんじゃないかって思います、時々。だから俺、卒業したら公務員になりたいんっすよね。朝から定時まで椅子に座ってるだけで、パチプロと同じくらい稼げる仕事、ほかにないっすよ。しかもそれが定年までずっとですから。おれパチプロやって、公務員のありがたみがめっちゃわかります。

　彼はパチプロになり、月に30万の収入を勝ち取るまでになっていました。しかし、それは決して楽でも自由でもなく、開店前と閉店前の時間を拘束される、「規則正しい」**生活**が待っていました。彼は徐々にそれは割のいい仕事ではないと感じるようになり、定時で帰ることができて、同じくらい稼げる仕事として、公務員に目をつけました。世間体や安定も求めたかもしれません。ただ彼の話には、彼がパチプロになったからこそ、公務員を目指すようになった、彼なりの理由がありました。彼が公務員を目指すようになったのは、稼ぎだけではなく、パチプロ時代に痛感した働く時間と生活の質を考慮したからです。

　彼はパチプロになる能力を身につけました。そしてその能力は、何かに取り組む際に「なんでそれをするのか」を明確にすること、つまり見通しや根拠をもって取り組む（と同時に見通しがないものはキッパリと辞める）態度につながりました。そして、その態度は彼の体に染みついていました。パチプロとして成就し

たにもかかわらず、それを見切って、突然、公務員予備校に通い始めたのは、この見通しと根拠をもって取り組む態度を身につけたからではないでしょうか。彼の職業選択は、彼なりに理にかなった行為のようにみえました。

　ちなみに、この学生は大学を卒業して5年たち、再びパチプロに戻りました。次会った時にお酒でも飲みながら、進路を変更した彼なりの合理性について、聞いてみようと思います。　　　　　　　　　　　　　　　　　（打越　正行）

🔷　課題：他者の合理性を自分なりに説明してみる

　ここで取り上げたパチプロの大学生が公務員を志望する事例のように、周囲からはわからないけれども、自身のなかでは理にかなった行為はありませんか。そのような行為とそれが理にかなっているという自分なりの説明について、発表してみよう。

🔷　レポート例

　シングルマザーの女性がキャバクラなどの夜シゴトに就くケースがある。彼女らが夜に働く理由は、時給がいいことや無資格でも働けることを思いつくかもしれない。しかし沖縄での調査からは、その給料は昼のフルタイムの日給とさほど変わらないし、無資格であるからといって、それは誰もができる仕事というわけではないことがわかった。むしろその場面の力関係や客の性格に応じた接待の作法をつかむことが求められるという点でよりハードである。

　それにもかかわらず、彼女らが夜シゴトに就くのはなぜか。彼女たちの1日の生活の様子に、その理由は隠されていた。彼女らはキャバクラで働けば、子どもを寝かせてから出勤し、子どもが起きる前に帰宅できる。朝に保育所や学校へ子どもを送り、仮眠と家事をこなして、夕方ごろに帰ってくる子どもを家で迎えることができる。子どもと夕食を共にし、風呂に入れて寝かせてから出勤するというサイクルが可能となる。昼の仕事だと、こうはいかない。また週末の学校行事などで休みがとりやすいことも、夜シゴトに就く理由であった。このように、シングルマザーの女性が夜シゴトに就くのは、子どもとの時間を大事にしているためといった理にかなった職業選択の行為であることがわかる。

見知らぬ人からひと晩かぎりの
話を聞く：那覇への船旅

1. ひと晩かぎりの話をきく

　夕方6時に鹿児島新港を出発して、奄美、徳之島、**沖永良部**、与論経由で那覇に翌日の夕方7時に到着する長距離フェリーがあります。私は、毎回のフェリーで道すがらおじさんに黒糖焼酎をごちそうになりながら、鳥の刺身をつつく旅の出会いを楽しんできました。この日の移動でも、二等室のたまたま隣で雑魚寝していたおじさんに私から声をかけました。

　〔こんばんはー。お父さん、どこまでですか？〕永良部よ。〔島で百姓さんですか？〕タバコ（の栽培）ね。〔ずっと、沖永良部で？〕ううん、大阪で20年。下水工とか。会社勤めよ。〔家族も一緒に？〕かあちゃんと一緒に。子どもも孫もいるよ。女の子は徳田虎雄いうて、徳洲会病院があって、そこの看護婦して。息子も島を出てった。〔それからは島ですか？〕島にはほとんどいなかった。大阪の前は沖縄にも10年くらいいたよ。終戦後よ。〔そうですか。沖縄には船で？〕小さい木造船。糸満についたり、やんばる（沖縄の北部）についたり、どこにつくかはいちかばちかよ。（テレビのスポーツニュースで高校野球の結果が流れて）永良部の人は鹿児島より沖縄を応援するのよ。言葉もそっちに近いし。沖縄は苦労したんだから。

　おじさんは、次の日の朝には沖永良部島の和泊港で下船します。今晩は旅の途中のひと晩かぎりの宴会になりました。おそらく二度と会うことはないと互いにわかっているので、おじさんも私も、酔った勢いでこれまでの人生で経験した、誰にも言えないことについて、語りあいました。

　次の日、私は二日酔いで昼前に起きたら、もうおじさんはいませんでした。なんとも言えない余韻に浸りながら昨晩のおじさんの**生活史**を思い返してみると、あらためてそのおもしろさに気づき、目がさめてきました。

●●● 2. 一般化するために、おじさんとの話を思い起こす

　私は初日の晩に、お酒を飲みながらおじさんの話を聞き、次の日に記憶を思い起こし、おじさんの話しぶりを想像しながらメモを作成しました。道すがらの話なので、細切れのような話や、時系列が整理できていない話、また歴史年表に書かれた史実とは異なる話なども含まれています。ゆえにそれは不完全な部分も多く、そのまま論文で使えるようなデータではないかもしれません。しかしこの日のやりとりやそれを記録したメモが、人について調べたり、考える時に、とても大事な役割を果たすように思います。これらの話からは、人がたしかにそこで生活していたということ、そして人々の生活のしかたやものの見方がいかようにも多様であるということを教えてくれます。

　卒業論文を仕上げるためには仮説を立て、最終的には一般化しなくてはなりません。しかし仮説を設定し、一般化する際のセンスを磨くには、このおじさんとの話を思い起こすことが重要です。なぜなら、一般化するためには立ち止まって考え直すことが欠かせないからです。一般化することは、なんらかの事象や得られたデータから、「だいたいこういうことだ」と言い切ることです。それは仮説にあてはめようとするアップダウンの手順です。しかしおじさんとの話を思い起こすことは、何度も立ち止まり考え直すことです。それはあなたの生きている社会やそこでの問題をスタート地点として、歴史やさまざまなデータを積み重ねるボトムアップの手順です。この手順で物事をみていくこともとても重要です。　　　　　　　　　　　　　　　　　（打越　正行）

◆　課題：船旅で出会った人の話を聞いてみる

　長期休暇中に、船旅に出てみよう。そこで出会った人の話を聞いて、メモを作成してみよう。そしてその人の人生について、調べたり、考えをめぐらせたことをゼミで発表してみよう。

◆　レポート例：「運び屋」という生業——釜山行きフェリーの船旅にて

1. 釜山行きフェリーにて：昼過ぎに博多港を出発して、夕方に韓国の釜山港に到着する国際線フェリーがあります。私は 2000 年代後半頃にそのフェリーに乗りました。二等

室にはバックパッカーらしき学生、ビジネスマンらしき男性、そして50歳代くらいのアジュンマ（おばさん）がいました。当時は、日本を出国する際に用いるパスポートの国籍ごとに、二等室の部屋の割り振りがなされていたのです。私たちの部屋には、日本国籍をもつ数人がすでに乗船していました。この頃、韓国への日本人旅行客の多くが飛行機か高速船で移動していたため、釜山行きフェリーの二等室は閑散としていました。船内は韓国人観光客であふれかえっており、そこらじゅうでソジュ（韓国焼酎）を飲みながらの宴会が開かれていて、とてもにぎやかでした。対照的に私たちの部屋は静まり返っていました。

　私は部屋を飛び出し、にぎやかな宴会付近のベンチで缶ビールを飲みながら景色をみていました。数時間たち眠気がきたので部屋に帰り、そこにいたアジュンマに軽く会釈しました。彼女は韓国のアジュンマの多くがしている、大仏さんのような髪型の通称「アジュンマパーマ」をしていて、眉毛は彫られていました。第一印象が強烈で、私はすぐに彼女の顔から、目線を外しました。彼女が手にもっていたパスポートに目を移すと、そこには出入国のスタンプがびっしり押されていました。通常パスポートには片面ページに多くても4つ程度のスタンプを押せるスペースがあります。しかし、そのアジュンマのパスポートには、彼女が事前に縦4個×横3個の合計12個のスタンプを押すように、線が引かれていたのです。そしてその線で区切られた範囲にはびっしりとスタンプが押されていました。それをみて私はびっくりして話しかけました。

　〔このパスポートすごいですね〕これ？何度も行くから、押せなくなったら（パスポートの）更新料払わないといけないのよ。こうやってつめて押させるのよ。（手に取って見せてもらうと、他のページは12個のスタンプですでに埋まっていた）〔これすごいっすね。韓国旅行好きなんですか〕そんなんじゃないよ、釜山に毎月行っているのよ。〔親戚があちらにいるんですか〕息子の墓が釜山にあってね。そこに毎月、墓参りに行くの。〔ああー、そうだったんですか〕あんた、息子にそっくりだ。生きてたら年も同じくらいかな。

　アジュンマには、私と同い年くらいの息子がいました。息子は日本の学校に通っていたが、若くして病気で亡くなり、釜山の墓に遺骨が納められていました。息子の同級生たちが、同窓会に母であるアジュンマを招待してくれたこと、そしてなにより息子のことを同級生たちが覚えてくれていたことがとてもうれしかったと話してくれました。彼女は福岡に住みながら、毎月息子の墓参りのために釜山に通っていました。

2.「運び屋」という生業：アジュンマの話を興味深く聞いていると、彼女は突然、「あんた、いい人だからいいこと教えるよ、受付の売店でお酒買ってきてごらん」と言われ、30年物のブランデーの購入を勧められました。理由を聞くと、釜山に着いたらその酒は高く売れるためだと聞かされました。それは1万5千円ほどするものでしたので、私は話をそらして購入をはぐらかしました。私は彼女の話に入り込んでいたので、突然の勧誘

商売のような誘いに少し残念な気持ちになりました。

　私がアジュンマの日本での生活についての話の続きを再び聞き始めても、何度もお酒を買う話に戻されました。私は最初のうちは正面からみることのできなかった彼女の顔を直視し目を合わせました。そして直感的に悪い人ではないと判断し、思い切ってそのお酒を購入することにしました。お酒は高そうな箱に入っていました。アジュンマに見せると嬉しそうでしたが、私は不安でしょうがなかったです。そうこうするうちに、フェリーは夕方の釜山港に着きました。アジュンマは、「私についてきな」とだけ言い、乗客の先頭を切って港の入国審査と税関を通過しました。到着ゲートを出ると、薄茶色のサングラスをかけた黒ずくめのアジョシ（おじさん）が近寄ってきました。

　今日はこの兄さんも持ってるから２本あるよ。〔おおー、25 万ウォン（約２万５千円）で買うよ〕何言ってる！いつも通り 27 万ウォンで買いな。〔最近、値段が下がってるから 27 は難しいよ〕じゃあ次から売らないよ。〔わかったよ。27 で、それなら２本だよ〕わかった。兄さん出しな。

　私が船内で買った１万５千円の 30 年物のブランデーは、釜山に着いたら 27 万ウォン（約２万７千円）で売れました。私はアジュンマを疑ってしまったことを強く反省しました。

　私はびっくりして、次から家族で来る時に１本ずつ買って、ここで売りますと伝えました。あんたがやったら（両手を拘束される仕草をして）これだよ。〔えっ、どういうことですか〕私は税関にもあの売人にも顔が知れてるから、できるんだよ。あんたがやったら裏に連れてかれるよ。〔はー、だったらアジュンマが 10 本とかは売れないんですか〕税関の顔もたてないと。今は片道で１本まで。あっちも墓参りで見逃してくれてるんだから。昔はこれで生活してたんだよ。みんな運び屋で生活してた頃は、かばんに詰めるだけ詰めて運んだんだよ。時々捕まって（牢屋に）ぶち込まれて。何本まで（運べる）かは、やってみないとわからないから大変だったよ。

　その後、アジュンマに「元気でね」と声をかけられ、お互い別れました。それから、アジュンマには会えていません。アジョシはその後もゲートで何回かみたので、彼女が元気かは聞くことができました。2009 年に釜山で射撃場の火災事故が起こりました。その頃を境に、港の警備が厳しくなりました。売人のアジョシも数年後にはいなくなっていました。

　彼女との１回かぎりの出会いと、そこで聞くことのできた「運び屋」という生業は、とても魅力的でした。しかし、それはもう存在しません。それをエキゾチックに懐かしむのも間違っています。またそれは「特権」でもありません。ただそのような生業があり、それに支えられた社会があったということです。そのような社会から物事を考えていくことが、社会学的思考の基礎となります。

ゲームのあやふやな前提：
大富豪、プロ野球制度、ミニマムノミック

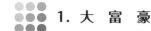

1. 大 富 豪

　この章は、「ゲームのルールがそのつど変わる」ということを、いろいろな事例から考えていくことを目的にしています。

　『大富豪』というトランプゲームがあります。地域によっては「大貧民」と呼ばれることもあるようです。このゲームは、実はトランプを扱うゲームとしては、他の国では遊ばれていません。日本にだけ存在する、きわめてローカルな（＝局地的にしか普及していない）ゲームです。

　この『大富豪』というゲームは、遊んでみるとなかなか盛り上がる、よくできたカードゲームなのですが、それとは別に、変わった特徴があります。このゲームには、それなりに複雑なルールがあるわりに、（ほかの伝統ゲームやトランプゲームであればしばしば存在する）"標準的な"ルールが決まっていないということです。「8切り」「都落ち」「4切り」「逆縛り」などを採用するかしないかは、現場の参加者同士の取り決めによって決まります。そして、日本各地で遊ばれている「大富豪」の勝ち筋や定石、プレイフィール（遊んでいる時の感覚や手応え）も、そこで取り決められたルールセット（そのゲームのひとまとめになったルール全体のこと）に応じて、少しずつ変わっているはずです。

　こんな風に、ルールがかっちりと決まっていないゲームは、「きちんと遊べるゲームのルールではないのではないか」などと思われがちです。けれども、少なくともスポーツ競技のルールも、少しずつ改訂が加えられ、それに合わせて、選手の戦略も変わっていっている、という事例が、探してみるといくつも見つかります。

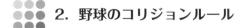

2. 野球のコリジョンルール

　たとえば日本野球では、2016 年の中盤よりルール改訂が行われました。その
なかでもとくにスポーツ報道を賑わせたのが、「**コリジョン（衝突）ルール**」と呼
ばれるルール改訂です。新基準で運用される新しいコリジョンルールの要旨は、
以下の 4 点です。

> 1.走者が明らかに守備側選手に向かい発生した衝突や守備側が明らかに走者の
>   走路を妨害した場合に適用。
> 2.守備側に立つ位置は、基本的に本塁の前。
> 3.送球がそれ、走路に入らなくては守備ができなかった場合は適用しない。
> 4.衝突がなくても立つ位置が不適切なら警告を与える場合がある。

(THE PAGE 2016)

　これまでは、守備側の選手がやむなく走路に入ったり、ベースを跨ぐ形に
なった場合にもコリジョンが適用されていたのが、この改訂により、審判のア
ウトとセーフの境界線が少なからず変わることになったわけです。

　こうした、ルール全体から見ればささやかにも見える変更が、少なくとも導
入の初期には、野球関係者やそのファンに何度も議論を巻き起こすほどの、重
大な変更として受け取られることになりました。

　この他にも、日本プロ野球では、2007 年ごろから「クライマックスシリーズ」
と呼ばれるポスト・シーズンゲームの制度が導入され、各プロ野球チームが
リーグ優勝や日本一を目指すにあたっての戦略が大きく変わるなど、制度の変
更が何度となく起きています。同じ「日本の」「プロ野球」という枠組みでも、
20 世紀後半のプロ野球と、2017 年現在のプロ野球とでは、果たして "同じゲー
ム" であると本当に呼んでしまってよいのか、実のところハッキリとは断言で
きないかもしれないのです。

3. ルールを書き換えるルール：『ミニマムノミック』の例

　別の事例もみてみましょう。『ミニマムノミック』というゲームがあります。

これは一度ぜひ、みなさんにも遊んでみていただきたいので、ルールを紹介しておきます（畠山 2011「ミニマムノミック」http://masa.o.oo7.jp/minimum_nomic_jp.html）。

101　すべての競技者はその時点で効力のあるすべての規則を守らなければならない。この初期規則集にある規則は競技開始時点で効力を持つ。

102　規則変更とは、規則の制定、破棄または修正、のことをさす。

103　競技者は時計回りに手番が回ってくる。

104　手番の中で行うことは、規則変更を一つ提案し、それを投票にかける。

105　規則変更は投票が有権者の間で満票であった場合にのみ採択される。

106　採択された規則変更は、その採択を行った投票の直後、直ちに発効する。新しく制定された規則は 201 番から順次付けられる。一度破棄された規則の番号は永久欠番とする。

107　競技者は常に一票の投票権を持つ。

108　二つ以上の規則が矛盾するとき、最も若い番号の規則が優先する。

109　競技者間で、手の合法性、規則の解釈・適用に関して意見の不一致があった場合、現在手番になっている競技者の右隣の競技者が判事となり、判決を下す（このような手続きを裁判と呼ぶ）。判事の判決は、次の手番の直前に行う投票で、当該判事以外の全員一致を見ない限りくつがえされない。判決がくつがえされた場合、その判事のさらに右隣の競技者が新たな判事となり、再度裁判を行う。以下同様。

　このゲームを遊ぶ上でのポイントは、上記のような９つに切り詰められたルールだけがあって、それが何をどうするゲームなのか決まっていない、ということです。どうなったら勝利なのか、いやそもそも何をするゲームなのかも、具体的には決まっていません。そのため、「参加した人たちはまず“どんなゲーム”にするかを、ゲームをしながら決めなければならない」といわれます。参加者は、おのおのどんなゲームを『ミニマムノミック』に期待しているのか（またそれはそもそもゲームなのかどうか）も含めて、プレイしながら探りあっていくことになります。ぜひプレイして、その一連の経過を、自分たちでたどってみてください。それが、「ゲームのルールが一定ではない」ということについて、今後具体的に考えてゆくための足場になってくれるはずです。　　　　（髙橋　志行）

課題 A「大富豪のルールのばらつきを比較する」

1. 授業内で小グループを作り、「自分の遊んできた大富豪／大貧民」のルールセットがどんなものだったか、比較してみてください。そして、(a) 何が大富豪／大貧民のゲームをおもしろく（つまらなく）したか、(b) またその"感じ"は何によってもたらされたものか、この 2 点について話しあってみましょう。

　　同じグループ同士で議論している例を以下に示します。

> A さん：　私の地元には「都落ち」なんてルールはなかったです。「革命」と「階段」はありましたけれど。
>
> B さん：　「8 切り」は採用してた？ 自分のいた所では、「階段」がなかったかな。「都落ち」は採用していて、大富豪になった人を蹴落とすために他のみんなと協力したりしたね。
>
> C さん：　『UNO（ウノ）』みたいに、上がりの時の禁止カードの指定はなかった？
>
> A さん＆ B さん：うーん、知らない…。
>
> C さん：　うそ、標準的なルールだと思ってたよ…。
>
> D さん：　この話し合いで出てきたルールを全部盛り込んだ大富豪を遊ぼうとすると、随分色々なルールを覚えておかなきゃいけなくなるね。大変そう。
>
> A さん：　でも「革命」とか、3 が最弱で 2 が最強みたいな、どこでも共通しているルールの核みたいなのは、確かにあるみたいだね。
>
> B さん：　あとは…「条件を満たすとたくさん出せる」系統のルールと、「条件を満たさない限り出せない」系統のルールとで区分できたりしそう？
>
> C さん：　あっ、そういう傾向はあるかも。それをグループ発表の提案にしない？
>
> A・B・D：いいね！

2. 話しあった結果をもとに、各グループで「自分たちのあまり遊んだことのない大富豪／大貧民」で遊んでみましょう。そしてその体験を互いに共有してみてください。

課題 B「ミニマムノミックのプレイ風景を追跡する」

A と同様、小グループに分かれて「ミニマムノミック」を遊んでみてください。その体験をふまえて、各グループ、互いのどのようなルール変動がゲームをおもしろくしたりつまらなくしたりしていたかを話しあってみましょう。

CHAPTER 33

お弁当になることができない
ゆるキャラ

1. 著作者の権利（著作権＋著作者人格権）の侵害行為とは何か

アイドルグループ EMI33 のゆるキャラ［》》第6章］は、うさぎの "E3GO!"
ちゃん。じわじわと人気を集め、ツイッターには E3GO! を模したお弁当（以下、
「キャラ弁」といいます）が溢れるようになりました。投稿には、(1) 一部のパーツ
の比率が厳密には違うが、ほぼ同じもの、(2) E3GO! を基に、口の形等の表現
方法を変更したもの、(3) すでに E3GO ！の原形を全くとどめていないものなど
がありました。E3GO ！のキャラクター絵が**著作物**であるとすると、(1) は、①
複製権（21条）、②公衆送信権（23条）や③同一性保持権（20条）、(2) は、①から
③のほか、④翻案権（27条）の侵害になりえます。

とくに (3) が酷い！そう思うところですが、実は、(3) は著作権侵害になら
ない可能性が一番高いのです。E3GO ！の本質的特徴を感得できない状態に
なっている以上、E3GO ！の創作的表現を利用したとはいえないからです。

ここでのポイントは、E3GO！に、（i）依拠したか（偶然同じものが出来上がった時は侵害ではない）、（ii）類似している（実質的に同一）か、（iii）あらたな創作性を加えているかです。著作権について簡潔にいうと、（1）ほぼ同じ（i、iiを満たす場合、①の侵害）→（2）一部を変形（iiiをも満たす場合、④の侵害）→（3）変形しているうちに原形をとどめなくなった（著作物の利用行為ではない＝侵害ではない）という流れです。

　「うさぎのキャラクターなんてよくあるのに、全部ダメってこと？」と心配になりますが、そんなことはありません。たとえば、「耳が長いこと」が似ていたとしても、うさぎを描こうと思う多くの人は、耳を長く描くことから、表現の仕方に選択の幅がなく、その点に創作性（エモい要素）が認められることは考え難いからです。特定のE3GO！のキャラクター絵の「創作的表現を」「利用」しているかどうかが問題になるのです。

▙ 2. 制限される著作権

　侵害になりうるってなぁに？　と思われたかもしれません。著作物の利用行為を無断で行うことは、原則として侵害となります。しかし、**著作権法**は、著作者の権利の保護を図りつつ、著作物の利用を促す法律ですから（1条）、侵害とならずに利用できる方法も定めているのです（「著作権の制限」規定）。もし、自分のためにキャラ弁を作った場合、私的利用として、著作権の侵害にならないと考えられます（30条1項、47条の6第1項1号）。

　でも、自分用に作ったキャラ弁をX（旧Twitter）等のSNSに投稿する行為は、注意が必要です。インターネットに載せる行為は、それが世界に向けて発信される以上、もはや自分だけの領域で使っているという法的評価が困難といえます。

▙ 3. SNSの発展と契約（規約）社会？

　でも、「自分の投稿が、勝手に（？）、テレビ画面下のテロップで流されたことがあるよ！」、と感じたあなたは鋭い視点をおもちです。SNSの利用規約には、

必ずといっていいほど、著作権に関するルールが定められています。SNS 利用開始時には、利用規約の確認を要求され、使用開始と同時に規約に同意したものとみなされることが通常です。小さなチェックボックスにワンクリック！（面倒だし、確認しなくても、同意！）の意味は、「SNS 側から提示された条件を呑んで、『契約』して、利用します！」という意思表示であり、自分の投稿の著作権を譲ったり、自分の投稿の自由な利用を許諾したりしているのです。民法の改正により、「ワンクリック」すらなくして、利用規約等が適用される時代になっており（改正民法 548 条の 2、「定型約款の合意」規定）、ますます無意識のうちに自分の権利の在り方を決定してしまっていないか、注意を向ける必要がありそうです。

　たとえば、スクショして引用しただけでも、著作権の侵害になる、という規約に、あなたはもう無意識に同意してしまっているかもしれないのです。実際、そんな裁判例も出ています。SNS の規約に定められた方法とは、異なる方法で引用した場合、著作権の侵害になる、とする裁判例があるのです。その理由は、規約に定められたリポストの方式ではなく、他人の投稿等をスクショして意見を述べる方法は、「公正な慣行に合致」せず、「引用」（32 条）の要件を満たさない、というものです。

　一方、スクショ画像の添付に意見を述べる投稿方法であっても、「引用」として、著作権侵害にならず、適法（な利用）であると判断している裁判例もみられます。その理由として、利用規約は、直ちに著作権法上の「引用」に当たるか否かの判断において検討されるべき「公正な慣行」の内容になるものではないというもので、議論のあるところです。

●●●● 4. 論文に著作物を取り入れる？

　あなたは、E3GO！キャラ弁の世界でのバズり方について地図を用いて論文を書くことにしました。地図は、場所の表示だからそのまま使って大丈夫？　とも考えられますが、省略やデフォルメにより創作性が発揮された地図は、著作物であり、勝手に使うことができない場合があります（香川県では、2017 年、そして 2019 年にも再び、問題となりました）。論文は、調査した結果を書くものなのにど

うすればいいの？　と不安になりますが、地図の利用規約を参照するほか、引用（32条）を正しく行う方法がありえます。ポイントは、公表された著作物を（18条）、自分の論文が主となるよう区別しつつ、引用することです。大半がコピペであったり、自分の主張とのかかわりがない場合（必然性がない場合）は、「引用」とは認められません。作者の名前を付記し（19条）、改変しないで利用することも大切です（20条）。

⬛⬛⬛ 5.　いろいろある著作物を共有し、高めあえるIT時代に描く未来

　法律って、ここに書かれた内容だけでも細かすぎてわからない…。そう思われた方に、朗報です。ルールを自分で決める動きも広がっているのです。誰もが、著作者にも利用者にもなるこの時代。デザインするのは、著作物だけでしょうか？　それぞれが利用に関するルールを考え、ルールをもデザイン（利用規約はその一例といえるでしょう）していくこと、つまり、著作物を提供する側とそれを享受する側との意思疎通が密に行われていく時、文化的所産の公正な利用に留意しつつ、著作者等の権利の保護を図り、もって文化の発展に寄与するという目的（1条）が、より柔軟に実現されていくことが期待できるかもしれません。著作権法は、そのデッサンのヒントを提示しているとみることもできるのです。
（鈴木　恵美）イラスト：べじこ

➤　**課題：本文を参考に、複製権（21条）、同一性保持権（20条）の侵害にあたりうるE3GO！のキャラ弁、翻案権（27条）の侵害にあたりうるE3GO！のキャラ弁等をデザインしてみよう。**

(1) ある特定のキャラクター絵であるE3GO！を写し紙にとって型を作成し、お弁当を作成するとどうでしょうか？

(2) また、一部のパーツのあり方（表現方法）を、自分なりに変更した場合はどうでしょうか？

(3) E3GO！のキャラクター絵を基にデザインを開始したものの、多くのパーツを変形していくうちに、E3GO！の特徴的表現が一切なくなってしまった場合はどうでしょうか？

(4) 実は、あなたが、この本でE3GO！をみる前（知る前）に、E3GO！のキャラクター絵の特徴的部分を有したキャラ弁を作っていたと仮定した場合はどうでしょうか？

CHAPTER 34

あいまいなテーマを
はっきりとさせる

 1. テーマ決めの最低条件

　これまでいろいろなコミュニケーションの社会学があることをご紹介してきました。そこで最後に、みなさんが自分の研究テーマを選ぶ時、どうやって決めたらよいかについて考えてみましょう。もちろん、いろいろなテーマがありえます。そしていろいろだからこそ何にすればよいか迷う、ということもよくあるはずです。だからかもしれませんが、「自分の論文テーマは『○○○について』にします！」とだけ宣言して、それで事足りた気になっている人がいるのですが、それでは何も決めたことになっていません。「○○○について、何をどう言うつもりなのか？」がまったくわからないからです。実際には、

　　①「○○○について」
　　②「自分の意見は…です。」
　　③「なぜかというと…。どうやって調べるかと言えば…。」

というところまで言うことができてはじめて、ある程度のテーマ確定です。

 2. 意見＝主張＋理由

　上記の条件は、**意見**というものが**主張**と**理由**のセットであるがゆえに導かれます。社会学にかぎらず、意見は人によっていろいろでかまいません。しかしどんな意見でも好き勝手に言いっ放しにできるわけでもなく、主張する以上は正しく理由づけねばなりません。この主張と理由の結びつきこそが大切で、学生の答案に対して教員が採点しているのはその結びつきの妥当性だ、とすらいえるでしょう。

　答案の主張だけを単独で評価することはまずありえません。たとえば、「今

日の授業内容について意見を述べなさい」というような課題が出たとして、授業内で教員の言ったことに賛成する意見は合格、反対意見は不合格などという採点が行われたらどうでしょう。納得いきませんよね。しかし賛否を含めいろいろな意見があるのだから評価のしようがない、全部同じ点数だ、というのも変です。客観的に見て正しい意見と間違った意見は厳然と存在するからです。

　では何が採点・評価されているのかと言えば、「賛成なら賛成、反対なら反対なりの、理由がきちんと述べられているかどうか」です。もし授業内容に歯向かう意見であっても、「そういう理由があって反対しているのなら納得がいく」ものならオーケーです。逆に、変に授業を礼賛しているけど読めば読むほど、「その理由だったら、むしろ授業に反対すべきなのでは？」などと思わせるような意見は、主張＋理由のセットとしておかしい、ということになります。

　したがって、どんな意見を述べるにせよ、①「○○○について」だけでは不十分で②「自分の意見は…です。」（主張）と、③「なぜかというと…」（理由）の結びつきが問われるわけです。しかし逆に、その結びつきさえ押さえておけば、最低限のテーマを決めることができた、ということにもなるでしょう。

⠿ 3. 目処をつけてから調べるのが研究

　しかしそうすると、「どんなテーマにするか、これから調べてきます」とか、「ある程度調べてみてからテーマ考えます！」と言い出す学生がいます。まだ決められないがゆえにそうやって先延ばししたい気持ちもわかりますが、それは調査と呼べる代物ではありません。

　本格的な調査に取りかかる前にお試しで行う調査を**予備調査**といいます。しかしそういう種類の調査が存在している、ということ自体から読み取れると思うのですが、「はっきりとしたことがわかるのは調べた後になってから」とか、「まだ調べていないうちはよくわからなくて当然」なのではそもそもありません。研究とは本来、「たぶんこんなことがわかるはず」という目処をつけてから行うものなのです。そして、「そのわかるはずのことを突き止めるにはどうしたらよいか」を周到に計画するのが、あるべき研究の姿です。

そうすれば、テーマをはっきりさせるためには③の後半部分「どうやって調べるかと言えば…。」を埋めるのが重要になってくるのもわかってもらえるのではないかと思います。

4. 検証と発見

　その上で、意見の述べ方（ということは研究のしかた）には2つのタイプがある、ということをはっきりさせたいと思います。第1のタイプ**検証**は、何かを「確かめる」種類の研究です。それに対し、第2のタイプ**発見**は、何かを「見つける」種類の研究ということになります。

　両者の違いは理由の述べ方の違いとして現れます。検証型の研究は「確かめる」ということがらの性質上、「…だから間違いない」と**証明**する形をとります。いかにも真実の追究としての学問らしいやり方です。しかし、研究テーマによっては本当に正しいのかをきちんと証明するのは難度が高くなります。たとえば「今大学生のあいだでLINEが流行っている」などというテーマでも、日本中の大学生を総当たりはしないまでも、適切な統計的方法でランダムサンプリングして調べないといけません。そんな面倒なのは無理だと思う人は、研究テーマを比較的証明しやすいものに変更すれば難度は下がります。「今私の友だちのあいだでLINEが流行っている」とか。でもそうすると、「それは研究してまで確かめるに値することなのか？」という問題を引き起こします。あまりに個人的であったり当たり前すぎることがらは、証明しやすい代わりに**研究意義**がしばしば見失われがちになるものです。

　発見型の研究ではそういうことはあまり起こりえません。その代わり、「見つける」ということがらの性質上、重視されるのは独創性や斬新さです。くだらないものを見つけてきても誰にも相手にされません。自然と研究意義の追求が行われることになるのです。これは発見型の研究が基本的に**推理**の形式をとることによっています。つまり、証明とは違って、「…だとすれば辻褄が合う」という理由の述べ方をするのです。辻褄が合っているだけなので、本当にそれが正しいのか確かめられたわけではありません。だからたとえば、いくら名探

偵コナンくんが鮮やかな推理を見せたとしても、それが「真実は一つ」なのを言い当てるしかたとしてかなり無理があるのは、論理的・学問的には明白なのです（でもそれを言わないのが、推理ものという娯楽の「お約束」ですけど）。

　辻褄が合っているだけの不確かさゆえに、発見型の研究はしばしば、「そう考えられるだけの仮説にすぎない」などとその意義を軽視されがちです。しかしすべての学問的研究は仮説発見と検証の絶えざるくり返しであることをわれわれは銘記すべきでしょう。アインシュタインの相対性理論だって、発表当時は高度に辻褄が合っているだけで検証されていない仮説にすぎませんでした。科学技術の進歩がやっと理論に追いつき実験・観測で確かめられたのはつい最近のことです。しかしその説が早くから物理学の世界に大きな衝撃をもって迎えられたことからもわかるように、「確かめるに値するものを見つける→見つけたものを確かめる→…」のくり返し、つまりその両方が学問にとっては不可欠なのです。

　検証・発見の両方ともが得意だという人はプロの学者にもたくさんはいません。ましてや学生の卒論などではどちらか一方に軸足を置いた研究になるのが普通です。ただその場合も、もう一つのタイプの研究の仕方があるのだ、ということを念頭に置いて、相互排他的にならないことが大切です。これは、検証・発見のどちらかに偏ったテーマはあいまいなものにならざるをえないということでもあります。そうならないためにも、最初にあげた三つに加えて、こういう条件を付け加えてもよいのかもしれません。

　④「（こういうテーマで研究して）自分は何をしたいのかと言えば…。」

　発見型の何かをしたい時は、正しいかどうかあいまいな意見を口走っていないかどうか、ふり返ってみるべきでしょう。検証型の何かをしたい時は、そんなことを確かめて何の意味があるのかを、はっきりさせる必要があるでしょう。いずれにせよ、「自分のしたいテーマを決める」とはそういうことだからです。

　なお、この章には「課題」を作りませんでした。続く第3部がそれに代わるものだからです。それぞれの卒論がテーマをはっきりさせることの、どのような具体例になっているかをごらんください。　　　　　　　　　　　　（有田　亘）

第Ⅲ部 ▦ 卒論サムネイル

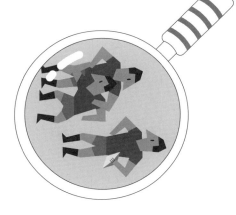

01 「国際的」マンガ図鑑

「マンガ表現国際化？ 大阪国際大学生が卒業研究」
『読売新聞』2014.3.2

【要　旨】

　国際的なマンガとは何か？　本研究は「日本のマンガが世界で人気」「世界のマンガが日本で売れている」のとは違った角度からマンガの「国際性」を論じるべく、「外国や外国人を描いている」マンガ作品図鑑の作成を試みた。過去３年間の人気マンガランキングを集約して選んだ180作品を、登場人物、舞台、モチーフなどで分類し、「外国」が出てきたものを収録した。

　調べてみてわかったが、外国が明示されているマンガは意外と少なく、約３分の１程度である。だが国籍不明な魔法世界ファンタジーのなかに西洋風な名前やアイテムが登場するといった、なんらかの「国際的要素をモチーフに取り入れている」ものも含めれば、約３分の２が「国際的」だということもできる。

　それらの作品群の傾向は大きく３つに分類できる。１つ目は「世界へ出て行き活躍する」パターン。２つめは「世界をまたにかけて活躍をする」もの。そして３つ目は、「世界が入って来る」パターン。外から異質なものが侵入することで国内的な日常性が一変する、というこの傾向は最近話題の作品に多い。　　　　　　　　　　（あきい）

【コメント】

　露骨に国際的なものよりも日本のマンガには無自覚のうちに国際性が潜んでいるのではないだろうか。私たちの普段の国内生活のなかに、もうすでに海外の言葉や文化が無意識に溶け込んできているように…。こういう着眼点は、自身もハーフのあきいさんならではのものともいえるでしょう。非常によくできていたこの卒論は大学の広報誌や新聞にも取り上げられ、紹介されました。　　　　　　　（有田　亘）

02 独特なルールを持つバンギャルの世界：ライブ会場を例に

【要　旨】

　ヴィジュアル系バンドのファンを「バンギャル」と呼ぶ。バンギャルたちは、全国各地で月に 200 公演も開催されるライブに足繁く通う。ヴィジュアル系バンドのライブ会場は、基本的に、演者やバンギャルの動きは激しく、もみくちゃになることさえある。それにもかかわらず、ライブ会場そのものが「崩壊」に向かうことはない。会場内の秩序が保たれているのだ。なぜ、会

場の秩序は保たれているのか。そこにはどんなルールが存在するのか。

　こうした疑問を胸に秘め、筆者はバンギャルの世界に飛びこんだ。具体的には、ヴィジュアル系バンドのライブ会場に実際に足を運び、自らも「バンギャル」として、フィールドワークを計 8 回実施した。そこからは、ライブ会場の最前に位置し、フロアを統制する「仕切り」の存在が重要であることが徐々にわかってきた。バンギャルたちは、この仕切りに交渉し、フロア内の自分の立ち位置を確保する。また、「自分のテリトリーを大切にする」「他人のテリトリーを侵さない」といった暗黙のルールが会場内に存在し、バンギャル自身がそのルールを学習することで、フロア内の秩序が維持されている側面も浮かび上がってきた。しかも、ルール違反をした者は、フロア内で「身体的な制裁」を受けるだけでなく、インターネット上の掲示板で叩かれることになる。こうしたさまざまなルールが張り巡らされることで、ヴィジュアル系バンドのライブ会場の秩序は保たれているのである。　　　　　　　　　　（西岡　咲月）

【コメント】

　何度も何度もライブ会場に足を運び、詳細なフィールドノートを作成した西岡さんの卒業論文は、バンギャル世界の社会的現実がありありと記されており、ものすごく読み応えのあるものでした。先行研究も整理し、考察の段階では E. ゴフマンの儀礼的無関心の概念を参照するなど、社会学的なエスノグラフィとしても質の高い論文であったと思います。　　　　　　　　　　　　　　　　　　　　　（上原　健太郎）

03 ロリータ服を着る資格

【要　　旨】
　ロリータファッションという特別な種類の
ファッションには、それを「着るための資格」
がある。
　ロリータファッションは他の服装より、い
わゆる「ドレスコード」に当たるものがたく
さんあり、それをすべて守っている人だけが
着る資格があるのだ。
　ただ、この資格を得るというのは、「本当
の自分らしさ」の追求ではない。むしろ理想
の姿の追求である。自分を曲げてでもその服
にふさわしい女の子になるよう努力するのが
ロリータさんなのだ。　　　　（上村　一姫）

【コメント】
　多くの人は自分の好きな服を自分の好きなように着ているのであって、そこから
ファッション＝自分らしさを求めるもの、という考えは割と簡単に導かれます。しか
しそうではない方向のファッション観を出してきた上村さんの発想は新鮮で、それが
きっかけとなって第5章のような私自身のロリータファッション研究も生まれまし
た。在学中は上村さんの豊富なロリータさん人脈に私も乗っかる形でよく調査させて
もらったものです。「見るためのファッション」という私の説にはあまりピンときて
いない様子でしたが、かわいいロリータさんを見たいから自分もロリ服を着ている一
方で、ロリータでない時はコスプレイヤーとして「見られる・見せる」ファッション
を実践していた上村さんでした。　　　　　　　　　　　　　　　　（有田　亘）

04 「祭り」によるリアル空間
：一宮七夕祭りを例に

【要　旨】
　現代では SNS が発達する一方で、直接的なコミュニケーションが減少している。そこで新しいコミュニケーション空間として「サードプレイス」が注目されている。サードプレイスは他者と同じ空間に属しながらも、仲間とのつきあいを楽しむ空間である。この空間は「祭り」と共通しているのではないかと考えた。

一宮七夕祭りの様子（筆者撮影）

　祭りでは、非日常の空間を味わえる。自宅（ファーストプレイス）や職場・学校（セカンドプレイス）以外で居心地がよく、誰にでも受け入れられ、仲間との会話が広がる空間として、祭りはまさにサードプレイスといえる。このような場所が地域社会の拠点として機能し、地域を発展させている。他方、SNS はウェブ空間でコミュニケーションをとることで、人脈形成や自己表現、問題解決の効果を生み出し、お互いの情報を交換することで、その地域を発達させる役割があることがわかった。

　祭りと SNS には共通点があり、サードプレイスの役割が両方にあると考えられる。祭りは時代とともに変化してきた。しかし人々の直接的で温かい「こころ」の交流は決して変わらないといえるだろう。祭りに参加することで「こころ」の交流を発展させ、地域を活性化できることを期待する。　　　　　　　　　　（大島　有里世）

【コメント】
　SNS の流行と祭りの存続という、一見すると逆方向の現象に注目し、それらの関係を探った論文です。具体的なフィールドワークから両者の「共通性」を提示できているのが良いと思います。あえて言うならば、「直接的なこころの交流」以外の、意外性のある結論を導き出すこともできたかもしれません。　　　　　（松井　広志）

05 名古屋・女性スタイルの変遷

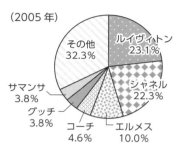

（2005年）

ルイヴィトン 23.1%
シャネル 22.3%
その他 32.3%
サマンサ 3.8%
グッチ 3.8%
コーチ 4.6%
エルメス 10.0%

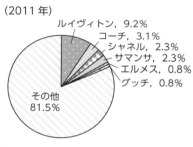

（2011年）

ルイヴィトン，9.2%
コーチ，3.1%
シャネル，2.3%
サマンサ，2.3%
エルメス，0.8%
グッチ，0.8%
その他 81.5%

『TOKAI SPY GIRL』スナップ写真からみるブランドバッグ所持率の変化

【要　旨】
　2005年前後の「名古屋嬢」流行を中心に、名古屋女性のスタイルの変遷を考察した。女性ファッション誌や新聞記事、名古屋をテーマにした書籍などの資料を分析することで、名古屋嬢の実態と変遷が明らかになった。

　名古屋嬢は、「名古屋巻き」と呼ばれる巻き髪と高級ブランドバッグを所持するのが定番スタイルだ。そして、両親に高級ブランドバッグを購入してもらうことが多いのだが、そこには愛知県の高い同居率が背景にあった。また、伝統や格式を重んじる名古屋だからこそ、上品な雰囲気のある名古屋嬢が受け入れられたと考えられる。また、名古屋嬢は、認められる高級ブランド品を所持する＝人として認められるという価値観をもっていた。

　しかし、現代の名古屋の女性は共働き世帯が増加したことから、ライフスタイルが大幅に変化し、高級ブランドバッグの所持率も減少した。このように、「名古屋嬢」流行時はまわりに認めてもらうことが重要であったのに対し、現代の名古屋の女性は個人の価値観を重要視するように変化した。では、多様化した価値観をもつ名古屋の女性はこの先、再び大きな流行現象を起こすのか。それともこのまま価値観の多様化が進むのか、注目していきたい。

（小澤　夢妃）

【コメント】
　1990年代から2000年代にかけて目立っていた「ギャル」に関する研究は一定の蓄積がありますが、その多くは渋谷を中心とした東京の話だと思います。そうしたなか、ギャルブームと同時代の「名古屋嬢」に注目した研究は、貴重なものです。方法も雑誌などの資料を使ったメディア史と手堅いです。

（松井　広志）

06 ジャニーズ系アイドル誌の歴史
：『Myojo』と『duet』を対象に

【要　旨】

アイドルたちのグラビア、インタ
ビュー、時にはプライベートなことま
で、ファンにとっては宝物になるアイ
ドル誌。本論文では、アイドル誌がど
のように変化してきたのか、アイドル
誌と社会との関係について検討した。

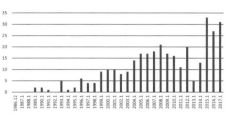

『duet』におけるジャニーズ Jr. コンテンツ数推移

集英社発行の『Myojo』と、同じく集英社発行の（現在はホーム社が発行）『duet』を分
析した。『Myojo』は 1992 年 1 月号、『duet』は 1986 年から 2016 年まで、コンテ
ンツ数、個人名・グループ名を集計した。

コンテンツ数に注目すると、ジャニーズ Jr.（当時の名称）の数が徐々に増加してい
るのがわかった。とくに 2001 年以降は約 80% を占めていことから、「ジャニーズ
Jr. 黄金期」といえる。第一次ジャニーズ Jr. 黄金期である。さらに 2013 年ごろから
コンテンツ数の増加を見せ、「第二次ジャニーズ Jr. 黄金期」が到来していると考えら
れる。

雑誌はしっかりと社会の変化を追っている。そして電子書籍が増えるなか、アイド
ル誌の勢いは止まらない。今回の研究ではアイドル誌とジャニーズの関係の歴史を一
部しか解明できなかったが、まだまだ研究する価値はありそうだ。　　（河上　彩音）

【コメント】

メディア史研究、とくに雑誌研究は 1980 年代くらいで終わることが多いですが、
むしろそこから始めつつ、2010 年代の現在まで内容分析の対象にしているところが
特徴です。実直に「数を数える」方法ですが、その分確実な知見が得られていると思
います。

　　　　　　　　　　　　　　　　　　　　　　　　　　　　　（松井　広志）

07 ボディビルダーのエスノグラフィ

【要　旨】

「ボディビル」というと、身体がテカテカと光っている男の人たちがステージ上で自分の筋肉をこれでもかと言わんばかりにアピールしているナルシスティックな姿を多くの人は思い浮かべることだろう。

だが、ボディビルダーの心のなかでは実際には不安に対する気持ちの方が強い。鏡の前でポーズしたり公の場で服を脱いだりタンクトップなどを着たりするのは自分を追い込むためである。常に人から見られることで、たるんでしまった身体は見せられないという気持ち、そして他の人から「大きい身体していますね。」と言ってもらうことで少しでも不安を取り除き、自信をつける。その不安に対する行動がナルシスト的に見えてしまうだけなのである。

（きっしー）

【コメント】

　プロレスラーを目指すボディビルダーのきっしーくん、参与観察の手法で卒業研究に取り組んだわけですが、普段長文レポートは苦手だったにもかかわらず、三週間足らずでこの卒論の原型となる文章約2万字を一気に書き上げました。最初のうちこそジムでのトレーニングの技法や摂取するプロテイン剤の効能など、学科違いのことがらの解説に偏っていましたが、この論文の読みどころはエスノグラフィならではの日常生活の記述です。ジムでトレーニングしている時のお互いの様子を横目でうかがいながら、黙って屈伸運動（スクワット）している独特の気まずい雰囲気の描写など、その場の人々の心理を理解している人でないと書けないと思います。本書では取り上げられませんでしたが、細マッチョを目指すフィットネスクラブの世界を調査したおっきーくんの卒論と合わせて読むとまた味わいが増すと思います。　　　（有田　亘）

ライブ会場でのファンコミュニケーション
：AAAファンを対象に

【要　旨】
　男女6人組ダンス＆ボーカルグループの
AAAのファンを対象に、SNSを使った参
与観察とライブ会場でフィールドワークを
行った。それによって、AAAファンはラ
イブ会場でどのようなコミュニケーション
を行い、コミュニティを築き上げているの
かについて考察した。

　まず、AAAファンのあいだで行われる、
SNSで知りあったファンと交流する「現地」と呼ばれる行為やグッズ交換、ライブ会
場でのファンのファッションに注目した。これらのコミュニケーションは、ファンへ
のインタビューからAAAファン独自のコミュニケーションだということが明らかに
なった。
　次に、メンバーであった伊藤の脱退を例にあげ、脱退後のメンバーカラーを巡り
ファンの文化はどのように変化するのか考察した。そのために、脱退後初のドームツ
アーで伊藤のグッズを身につけるのかについてファンの意見や行動を取り上げた。
　AAAファンはライブ会場で行うファン同士のコミュニケーションを通して、「他人
との共感」や「ファンであることの承認」を行っている。その意味で、AAAファン
にとって、ライブ会場はファン・コミュニティを形成するために非常に重要な場所な
のだ。
　　　　　　　　　　　　　　　　　　　　　　　　　　　　　　　（木村　百花）

【コメント】
　ファン文化の先行研究ではジャニーズ系や韓流が多いですが、本論文はAAAとい
うグループのファンを対象にしています。実直なフィールド調査から「現地」という
行為の実態を明らかにした上で、ファンのコミュニティ形成といった点まで考察して
いるのが良いです。
　　　　　　　　　　　　　　　　　　　　　　　　　　　　　　　（松井　広志）

09 雰囲気を味わうためのファッション
：ディズニーバウンドを例に

【要　旨】

　現在、Instagram では、「#ディズニーバウンド」のタグを付けてコーディネートを投稿する人が若年層を中心に広がっている（投稿数約 66,800 件／2020 年 1 月 3 日時点）。ディズニーバウンドとは、本格的な全身仮装ではなく、私服を使って色の組み合わせなどでディズニーキャラクター風のコーディネートを取り入れることである。

　それは、コスプレよりも手軽でハロウィーン時期でなくても気軽にできることから人気になったと考えられる。また、ディズニーでは、ハロウィーンの決められた期間内であればキャラクターの全身仮装は許可されているが、通常日は禁止であることから、ディズニーバウンドなら年中楽しめるという点も広まった要因だろう。

　ディズニーバウンドの例として、ミニーマウスであれば、メインカラーである黒・赤・ドットなどをコーディネートに取り入れることで簡単に完成する（図）。YouTuber やモデル、アイドルも自身のブログや SNS でディズニーバウンドを紹介している。このように、アトラクションだけではなく、コーディネートでディズニーランドの世界観や雰囲気に自分を溶け込ませることで楽しんでいる人が多くなっているのだ。

　写真館ではなくても、インスタ映えするスポットが多い「ディズニーランドならでは」の楽しみ方なのかもしれない。ファッションが、場所を楽しむためのひとつの手段として関わってきているというのは、たいへん興味深い。　　　　　（服部　茉優）

【コメント】

　社会学において、ファッション論とテーマパーク論はそれぞれ研究蓄積がありますが、それらの「合わせ技」であるところがこの論考の魅力です。ファッション社会学で言及される、コスプレやハロウィンの仮装、ロリータ［》第 5 章］と共通する部分があるでしょうが、ディズニーランドという場所と不可分な点でそれらとは異なった特徴ももちます。また、SNS の「インスタ映え」とも関係し、その意味ではインターネット・ソーシャルメディア時代の産物でもあるでしょう。　　　（松井　広志）

10　ナイフをめぐる社会のまなざし

【要　旨】

　鉛筆削り機の導入以前に子どもたちが鉛筆を尖らせていた肥後守（ひごのかみ）。元 SMAP 木村拓哉主演のドラマで流行したバタフライナイフ。秋葉原通り魔事件で名前が広まったダガーナイフ。上記のものを含めて、人々の生活と切っても切れない関係にある／あった刃物を「ナイフ」という大きなカテゴリーでくくることで浮かび上がる、社会の「まなざし」がある。第二次世界大戦の敗戦後、占領軍の安全確保のために発令された銃刀令を引き継ぐ形で、戦後日本社会は銃刀法を整備してきた。しかし、1952 年 2 月 5 日の衆議院地方行政委員会では「占領が済んだならば、これを廃止しても何らさしつかえないと思う。私たちはこの

ために非常に人権が侵害されておる場合をいろいろ聞いておるわけなんです」といった国会議員の発言のように、銃刀法を制定してナイフ（刃物）を取り締まることが人権侵害だとして舌戦がくり広げられていた。取り締まるべきは犯罪者であり、凶器となりうるモノ自体ではなく、むしろ、行き過ぎた管理は人権侵害だというのだ。結局は銃刀法を制定することになったが、いわば、この時代は「ナイフを持つことが人権である時代」であり、ナイフを持つ人権と管理のバランスが重視されていたのだ。その後、数々の少年事件を背景に銃刀法はたびたび改正され、ますます便利な道具でもあるはずのナイフは危険な凶器として「まなざし」が向けられ、取り締まられていった（もちろん、実際には錯綜（さくそう）した過程であった）。かつて、人権とまで論じられたナイフを社会から追放するプロセスは、ナイフを手にしても凶器として使うはずのない、理性的な主体である／になれる可能性を人々自身があきらめていくプロセスだったともいえるのではないだろうか。　　　　　　　　　　　　　　　　　　　　　　　　（ケイン　樹里安）

【コメント】

　国会議事録や新聞・雑誌の記事と向きあって制作した卒業論文。理性とは何かという考察、刃物産業に関するデータの補完、物質性（materiality）をめぐる学際的な研究動向との接続など、加筆修正をしたくなりました。　　　　　　　（ケイン　樹里安）

11 #かわいい：ファッションの視点から見る過剰と矛盾が起こす化学変化について

【要　旨】
　若い女の子たちのファッションの中心を占めているのは「かわいい」という価値観である。だがそれは時代とともにさまざまな変化をくり返し、「かわい過ぎてもはやかわいくない（のにかわいい）」（過剰）、「かわいいと真逆でかわいくない（のにかわいい）」（矛盾）といった現象が起きている。前者にはたとえば「ゆめかわいい」など、後者には「病みかわいい」や「ダサかわいい」などが該当する。それらの様子を Instagram の#（ハッシュタグ）を元に調査したのがこの研究である。
　その結果、「90年代に流行したギャルのかわいい」はむしろ過剰（盛り過ぎ）なところが特徴であったはずなのに、「最近のギャルのかわいい」ではその特徴のほとんどが取り除かれ、むしろ「過少」になっているという矛盾が生じていたり、だが一見関連性がなさそうな「かっこかわいい」と「最近のギャルのかわいい」の投稿で同じハッシュタグが付けられていて意外と近い関係があったりすることなどが明らかになった。

（谷　咲奈）

【コメント】
　上記のような「かわいい」の変化を「化学変化」と形容したセンスが光っています。物事がどんな要素から構成されているのかを「分析」する（分解して突き止める）のは研究の基本ですが、そのうえで咲奈さんは、それらの要素の組み合わせを物理的な「混合」として説明するのではなく、むしろ化学的な「化合」の比喩で物「質」の変化として説明しようとしました。これは、社会は個々人の集まりだとはいえ、個々人の性質の総和以上の創発特性をもっている、ということにもつながる発想です。

（有田　亘）

12 「キャラ」になるというロールプレイング

【要　旨】

　筆者は引っ込み思案で、社交性を求められる場面では正直「使えない」学生だと自分で言うほどだった。だがオープンキャンパスで「メイド」のコスプレをしてみると、初対面の女子高生相手でも「お嬢様、お茶はいかがですか」などと物怖じせずお給仕するなど、急にコミュ力の高い「使える」学生に変貌した。

　本人も驚きのこの変化を、「役割（role）」と「役柄（character）」の違いという社会学的な観点から考察したのがこの論文である。役割は自分の置かれた立

卒研発表会
2014/02/05

場を規定するものの、自分にはそれが何かはよくわからない。一方、役柄は自分の置かれた立場ではないものの、「このキャラならこうする・こう言う」と決まっているので、どうふるまってみせるとよいかわかるのだ。

（小林）

【コメント】

　「役割と役柄」というのは、理屈としてはアーヴィング・ゴフマンという社会学者の演劇論的アプローチに基づいた難しい議論だったため、筆者自身がよくわからないままそれに振り回されてしまっているところもありましたが、本人の自信につながる卒論になったのはよかったと思っています。

　むしろ、「ロールプレイング」という言葉自体が、ゲーム的な遊びの側面と、心理療法（役割演技法）という両面的な意味をもっていることのバランスが指導していて意外に難しかったところです。実際、「小林くん自身が納得しているのならそれでもよいけど、これはメイドいじりを逆手にとった小林くんいじめの側面もある」との指摘もあったのは学問的には考えどころだと思いました。「すべてのイジリはイジメである」という心理学的？な主張には、社会学的？に反論してみたいところでもあるのですが、それこそ今からふり返ってみて、小林くん自身はどうでしょうか…？

（有田　亘）

153

13 日本人の外国人に対するイメージ
：ロシア人キャラクターからの考察

【要　旨】
　アニメには多くの外国人キャラクターが登場する。そこで私は、国のイメージがキャラクターに反映しているのではないかと考えた。

　インターネット上で、ロシアについて「怖い」「暗い」などの悪いイメージだというコメントを見つけた。その一方で、最近のアニメでは美しい容姿のロシア人キャラクターをよく見かける。ここから、ロシア人キャラクターに注目して、日本人がロシアに対して抱いているイメージについて研究した。具体的には、1990年代と2000年代に制作されたアニメを3本ずつ取り上げ、コンテンツ分析を行った。

　分析の結果、キャラクターの描かれ方について、容姿も性格も時代によって変化したことがわかった。しかし、その変化は、先行研究で言及された要因である、政治的な問題の影響とは違っていた。1990年代はロマノフ朝やラスプーチンなど歴史的なもの、2000年代はスポーツやアイドルといった娯楽的な領域に関するのものであったと考えられる。国のイメージを印象づける影響は、言い伝えとして聞いていたものから、直接かかわるものへと変化したのだ。今後のロシアに対するイメージがどう変わっていくのか、注目したい。

（坂口　笑）

【コメント】
　ロシア人キャラクターに着目したのは、珍しい視点だなと思いました。1990年代までは「ロマノフ朝」のイメージが多いことは、かつての欧米の映画において日本が「江戸時代」的な（「サムライ」や「ニンジャ」などの）表象として描かれたようなものでしょうか。こうした「異文化表象」に関する他の研究との比較があれば、より充実した研究になったかもしれません。

（松井　広志）

14 ヴィジュアル系アイドルと
ホストに対するファン意識の変容

【要　旨】
　見た目だけでなく活動内容も似たよ
うなものになってきた、ちかごろのホ
ストとヴィジュアル系（以下、V系）。
両者をかけもちしているバンドマンも
いるほどだが、とはいえ、多くの女性
ファンたちはホストクラブにではなく
ライブに通う。その理由を両者に共通
の業界用語「育てる」の意味の違い

に着目して調べた。ホスト業界では、ホストが女性客を手玉に取って金をたくさん使
わせるよう仕向けるのを「育てる」と言うのに対して、V系業界では、バンドマンを
一人前のアーティストにするようファンが「育てる」という言い方をする。つまり、
V系ファンもホスト客もイケメンにちやほやされたい心理は共通しているのだが、相
手に手玉に取られるのをさほど気にしない女性はホストクラブへ行こうとするのに対
し、それを警戒してしまうのがV系ファン女性である。彼女たちは自分が主導権を
握っている安心感のもとで、バンドマンとの疑似恋愛を楽しもうとするのである。

（まみほい）

【コメント】
　本書の初版では、「ファンにちやほやされたいが、するのは下手なV系バンドマン
と、イケメンをちやほやしたいのであって、されるのは嫌なファン女性の相互補完関
係」についての卒論を掲載していました。それが書かれた2010年当時には成り立っ
ていた関係に、最近は違和感を表明する学生たちも多く、アップデートをはかったの
がこの卒論というわけです。「ちやほやしたいがされたくはない」という15年前のV
系心理は、「ちやほやされたいが主導権は渡せない」というように形こそ変わりなが
らも生き残っているのではないか、という印象を受けました。　　　（有田　亘）

15 漕艇部員になる
ボート

【要　旨】
　大学で運動部に入る学生は、なぜそこに入り、4年間続けることになるのだろうか？　この疑問に答えるため、運動部員に聞き取り調査を行ったのが本論である。

　本論は、運動部の1つである「漕艇部」を主に取り上げた。漕艇部を取り上げた理由は、大学から競技を始める人が多いにもかかわらず、厳しい練習と共同生活を営んでいることである。漕艇は、朝早くしか練習できない。そのため、部員は川の近くにある合宿所で毎日を過ごす。

　では、厳しい練習と共同生活が「普通」になるまでに、彼らはどのような経験をするのだろうか。なんらかの運動経験者を対象に勧誘が行われる。勧誘され入部した学生は、2～3ヵ月間、学内でトレーニングをする。入部の時には、共同で生活していることについて詳しくは伝えられない。先輩部員とのコミュニケーションを通じて徐々にその生活について知っていく。その後、夏休み頃から合宿所で生活し始めるのである。途中から入部できず、1年生からの練習カリキュラムが組まれている。こうして、入部した学生は漕艇部に組み込まれていく。生活が、2年、3年と経つにつれ、共同性は強まっていく。漕艇部員（4年生）は仲間のことを友だちとは呼ばない。「近すぎるから、友だちと思わない『おる』みたいな」という。「家族って言葉に表してもいいかもしれんけど、家族も若干違う気がするから、強いて言えば『おる』みたいな」とそこに「いる」ことで、彼らは漕艇部員としての共同性を保つ。こうした共同性は、彼らが部活動を続けるのに不可欠なものの1つだといえるだろう。　**（妹尾　麻美）**

【コメント】
　自分たちの身近にいる、不思議な生活を送る人々に焦点を当てたところがよい点だと思います。また、社会学の基本である個人と集団の関係に着目したところも、すばらしいでしょう。先行研究との共通点、相違点を明確にすると、よりよいものになるでしょう。
　　　　　　　　　　　　　　　　　　　　　　　　　　　　　　　　（妹尾　麻美）

【要　旨】

暴走族とは、たとえばヤンキー的ないかつい風貌で、飾り立てたバイクに乗ってクラクションを鳴らしながら低速蛇行運転をしていたりする人々であり、走り屋とは、たとえば改造車両で高速道路を猛スピードで走ったり、カーブの多い道でドリフト走行をした

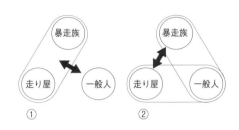

①　　　　　　②

りする人々のことである。一般人から見ると、この両者は似たような暴走行為をする迷惑な存在ということで、違いはないのかもしれないが（①）、彼らを混同するのは暴走族にとっても走り屋にとっても大変な侮辱であり、喧嘩を売る暴挙である。

しかし、暴走族が走り屋を嫌う理由は意外にも一般人とあまり変わらない。スピード違反や煽り運転などをして危ない・迷惑というものである。そして走り屋が暴走族を嫌う理由も意外と一般人と変わらない。うるさいし渋滞を引き起こして迷惑だし、暴力をふるわれそうで危ないというものである。その上、一緒にされることを嫌がる暴走族と走り屋の意見は、一般人に向けられた時には見事に一致する。自分たちを不良や犯罪者扱いして蔑む目で見ているというのである（②）。

この同族嫌悪？の関係を実際に暴走族、走り屋、一般人にインタビュー調査することで描き出したのが本卒業研究である。　　　　　　　　　　　　　　　　　　　（ナカガワ）

【コメント】

元暴走族のナカガワくんが、なぜかいがみあっているはずの走り屋にも友だちが多く、一般人も含めて三種類の人たちに偏りのないインタビューができたところが、この調査を成功させた重要ポイントではないかと思います。「同じ暴走族でも京都の暴走族ほど恐くない奈良の暴走族だからうまくいったのかも…」という憶測を口にしながら、「俺って実はこういう才能ある？」と自画自賛していたナカガワくんですが、こういうフィールドワークにおいて、調査者の側からはなかなか自覚できない偏りをそれでも補正しながら、なおかつ調査協力者とのラポールを構築する、ということのヒントを与えてくれている卒論だったのかもしれません。　　　　　　　　　　（有田　亘）

17 ロウソクの灯りが生み出す想像力

【要　　旨】
　単に明るく照らすだけなら、蛍光灯やLEDなど便利な灯りがある。だが食卓にキャンドル一本置くだけでも、レストランのような落ち着いた雰囲気が作り出されるものだ。ロウソクの灯りは実用的な目的以上に私たちの想像力をかき立ててくれるものなのだ。実際、あちこちで開催されているロウソクを灯すイベントを観に行って調査した結果、ロウソクから生み出される想像力を「距離」と「動き」の2軸にまとめることができた。

　灯籠やキャンドルナイトなどの地面に置かれているロウソクはすぐそばまで近寄って見られるが、灯籠流しやスカイランタンなどはどうしても灯りまでの距離がある上動いていて、長時間じっくり眺められない。これら物理的な距離と動きによる違いは、心理的な具体性・個別性の違いとなって現れてくるのではないか。ロウソクのイベントでは「祈り」や「願い」を灯籠や容器に書くことが多いが、人々が個々に込めたそれらの想いに接することができるのは、目の前で静止している灯りの場合だろう。実際それらを写真に撮る時は、一つのロウソクをクローズアップしてカメラに収めることが多い。その一方で、スカイランタンのような灯りは、一つ一つをはっきりと見ることはできず、それだけ抽象的な無数の小さな光点をロングショットでロマンチックに撮影することになる。　　　　　　（北　歩佳）

【コメント】
　「映える」写真の時代ならではの卒論でした。スカイランタンを上げようと地上で手に持っている時の火は生々しく、無数の灯りが空に昇った時とはまったく雰囲気が違う、といった観察にはうなずかされました。ただご本人はやっぱりディズニーアニメの「塔の上のラプンツェル」のようなファンタジックな灯りの方がお気に入りだそうです。
　　　　　　（有田　亘）

18 女なのに秘宝館好きですが何か?

【要　旨】

　秘宝館はエロいものを博物館のように、だが娯楽施設してのいろいろな工夫をしながら、展示しているところである。1970～80年代に誕生した頃は、男性がいかがわしい動機で行くところであったが、今では女性でも楽しめる場所になっている。実際に秘宝館へ調査に行くと、女の子だけのグループやカップルの客も多く、SNSに載せるためにわざとふざけて卑猥なポーズで写真を撮ったりしていた。これは、秘宝館がただエロいものをエロく陳列しているわけではなく、「しょうもない」と笑ってしまうような独特の小ネタを入れながら展示しているからである。こういうエロいものを笑いに変換するのとは逆の、秘宝の展示に露骨な性欲をそそられるような楽しみ方は、今となっては恥ずかしくあまり受け入れられないものになってきているように思われる。

(ハシユリ)

【コメント】

　この人のフィールドワークにつきあって、ゼミ旅行に行った回数がもっとも多い学年となりましたが、楽しかったです。「おもしろいんやけど、ひねりを入れないといけない笑いやから疲れる」と、ぼそっとつぶやいた人がいたのも含めて…。社会学はエログロナンセンスを研究テーマとして許容してきた懐の深い学問であったはずなのですが、卒論発表会の場などでも、教員たちもですがむしろ学生たちの反応が意外と生真面目だったのが印象的でした。サムネイル写真を作る時も、周囲にさまざまな気を遣いました。しかし「年取ったら子どもたちをこういう世界に引き入れるおばあちゃんになりたい」というハシユリさんの人生設計は、目先の就職にしか関心のない他の学生たちよりもスパンの長いキャリアデザインだと思いました。　(有田　亘)

19 ラジオの現状と将来
：民放ラジオと声優ラジオを対象に

有志で12月生まれの中の人へのお祝い
メッセージカード贈ろう企画をやって
ます。
ステージ向かって右あたりです！
ご協力リスナーさん！！
宜しくお願いします♪
#abe02

イベントの様子とリスナー有志のツイート

【要　旨】
　民放ラジオと声優ラジオを調査・比較し、民放ラジオの将来についてリスナー側と制作側の両方の視点から考察した。

　リスナー側の視点では、ラジオ離れが顕著な20代に注目し、ラジオがオールドメディアになってしまった原因を、調査やアンケートを通じて分析した。制作側の視点では、現役の番組ディレクターとラジオパーソナリティにアンケートを実施し、業界とリスナー・業界と現場の認識の違いを明らかにした。

　次に声優ラジオや人気番組の SNS 調査、番組イベントのフィールドワークを通して、現在の民放ラジオに不足している点や、リスナーと番組が直接交流することのメリットを論じた。さらに、Radiko やコミュニティ FM、AI アシスタントを例に新しいラジオ像を考察した。

　ラジオは、可能性をもちながら受け身であり続けたことが、オールドメディア化の原因と考えられる。「昔から放送している」というブランド力は維持しつつ、現在すでに普及している SNS、さらに今後は AI といったあらたなメディア技術との親和性の高さを活かして番組内容を更新していく必要がある。

（橋本　奈々）

【コメント】
　いくつかの調査方法を組み合わせてラジオの現状を分析しつつ、今後の展望も示した力作です。単に昔からあることを「ラジオ離れ」の原因とせず、丁寧に原因を探求した上で、新しいメディアに生まれ変わるための方策を提示しているところが、とくに優れています。

（松井　広志）

20 異なるメディアのテーブルゲーム
：TRPG の没入性を中心に

【要　旨】
　テーブルゲームとはテーブルを囲んで行うゲームを指す。カードを使用するカードゲーム、ボードとコマを使用するボードゲームなどその種類は多岐に渡る。これらのゲームは昨今のテーブルゲームの流行に合わせ、デジタル化さ

れたものが多く登場するようになった。プレイヤーが説明・操作を行い、ゲームプレイを行っていく従来のテーブルゲームに対して、デジタル化されたテーブルゲームでは、説明もチュートリアル体験を含む整理された情報であり、操作を行う際もゲームエラーが起きないように一部の操作補助がなされている。

　このような点から、従来のテーブルゲームとデジタル化されたテーブルゲームでは、ゲーム体験に異なる要素をもたらすのではないかと考えた。本論ではテーブルゲーム内の印象という点でコミュニケーションを主として行う TRPG を例にあげ、対面で行うものとインターネットを経由した行うものを比較分析した。

　メディアの違いによるゲーム体験の印象は、没入性という観点において異なる要素があり、実際に顔を見合わせて行うゆえのその場の雰囲気による「一人称的没入」と、顔が見えないからこその「ゲーム内世界観・物語への没入」の違いが見られた。そこにゲームスタイルによる優劣は存在せず、メディアによる違いが異なるゲーム体験の印象をもたらすと考えられる。

（大野　拓磨）

【コメント】
　一口に「ゲーム」と言っても、情報技術によるデジタルゲームと、（非デジタルな）物理的なモノによるアナログゲームがあります。本稿のテーマはそうした「ゲームのメディアによる違い」ですが、同じゲームジャンル（TRPG）に関して、対面（物理的なテーブル）とインターネット経由を比べているのがポイントです。

　さらに言うならば、「没入」体験自体は遊びやゲームの研究で数多く指摘されているので、それらの知見をふまえた考察があればより深い内容になったでしょう。

（松井　広志）

第3版のためのあとがき

『いろいろあるコミュニケーションの社会学』の「Ver.3」をお届けします。本書の最初のバージョンが出たのは2018年3月で、改訂版である「Ver.2.0」を2020年3月に刊行しました。

　近年は学問分野を平易に解説した入門書が増えてきていますが、イラストや授業コメント、学生の研究例などを配した本書は、とくに初版刊行当時は珍しかったと思います。幸いなことに、複数の大学や専門学校の「社会学」や「メディア論」「現代社会論」「コミュニケーション論」といった授業で「親しみやすい入門書」として採用され、おかげさまで再訂版を出すことはできました。

　Ver.3では、とくに研究実践を扱った第Ⅱ部を充実させました。レポートを書くことは研究のアウトプットの第一歩ですが、これに関わる新章をいくつか追加した上で、配置も見直しました。具体的には、レポートの基本と引用のしかたから始まり、ネット検索のコツ、図書館の使い方、データや資料の扱い方、ソーシャルメディア分析的な利用、フィールドワークやインタビューなどによる質的社会調査の入門、テーマ決めとまとめといったレポート作成の流れが明確になるように意図したものです。

　また、第Ⅰ部のいくつかの章では、主旨は残したま記述の対象を動画配信サイト、マッチングアプリ、ビデオゲーム関係を中心に差し替えました。これは単に新規な例を求めたのではなく、若い読者がリアルに感じられることを意図したものです。他にも、各章の細かな記述の追加や修正を行い、カバーや各章の扉にあるイラストもアップデートしています。このような変更によってVer.3にふさわしい内容になったと思います。

　前回のVer.2.0が出版された2020年は、前年の終わりに出てきたCOVID-19が広がろうとしている、いわゆる「コロナ禍」にさしかかる時期でした。それから4年経ち、これを書いている2024年は収束の雰囲気が定着しつつあります。感染者、医療従事者、エッセンシャルワーカーをはじめとして、人類に過酷な経験をもたらしたのがコロナ禍でした。とくに若い読者のなかには、「ス

テイホーム」が叫ばれるなかで窮屈な思いをした人が多いのではないでしょうか。

　しかし、逆に考えるとそこでの「窮屈さ」、もっと言うと「異常さ」「非日常性」は、ふだんは当たり前に思ってしまう社会の「日常」や、それらが成り立っていることの「背景」や「前提」を意識する機会でもあったでしょう。各章で姿を変えて論じられているように、まさにそれが社会学的な思考法の第一歩なのです。

　最後になりましたが、本書の作成に際しては、初版からずっとご担当頂いている北樹出版の福田千晶さんをはじめ、さまざまな方々にお世話になりました。お礼を申し上げます。

　　　　2024 年 4 月

　　　　　　　　　　　　　　　　　　　　　　　編　　　者

事 項 索 引

人名索引

有田　亘 Wataru Arita

（編者、第 2・5・7・9・10・14・18・21・22・34 章／卒論サムネイル 01・03・07・11・12・14・16 ～ 18）

大阪国際大学 人間科学部 准教授

主著：『コミュニケーション社会学入門』世界思想社 2010（分担執筆）、『現代日本のオタク文化の諸相』大阪国際大学研究叢書（20）2011（共著）

読者に一言：ファッションセンスも自撮り能力も無い先生のために服を見繕い写真を撮ってあげるフィールドワークを学生たちに提案したのですが…、誰も付き合ってくれませんでした。

松井　広志 Hiroshi Matsui

（編者、第 1・15・17・19・25・26・27 章／卒論サムネイル 04 ～ 06・08・09・13・19・20）

愛知淑徳大学 創造表現学部 准教授

主著：『模型のメディア論』青弓社 2017（単著）、『多元化するゲーム文化と社会』ニューゲームオーダー 2019（共著）、『ソーシャルメディア・スタディーズ』北樹出版 2021（共編著）

読者に一言：勉強することは、私たちが生きているこの「社会」の「いろいろ」を知ることです。この本がそのための一助になればいいなと思っています。

妹尾　麻美 Asami Senoo

（第 3・13・24 章／卒論サムネイル 15）

追手門学院大学 社会学部 准教授

主著：『就活の社会学』晃洋書房 2023（単著）、『プラットフォーム資本主義を解読する』ナカニシヤ出版 2023（共編著）

読者に一言：この教科書は、はじめの一歩です。身近な現象を抽象的な言葉で考えることによって、新たな視界が開けると思います。これまでの経験も、勉強の素材なのです！

上原　健太郎 Kentaro Uehara

（第4・29章／卒論サムネイル02）

大阪国際大学 人間科学部 准教授

主著：『ふれる社会学』北樹出版 2019（共編著）、『地元を生きる』ナカニシヤ出版 2020 （共著）

読者に一言：本書を手にとって、少しでも社会学に興味を持ってくださると嬉しいです。あるいは、本書をきっかけに、他の社会学の本を手にとってくださるともっと嬉しいです。

阿部　卓也 Takuya Abe

（第6・23章／コンセプトイラストレーション、装幀）

愛知淑徳大学 創造表現学部 准教授

主著：『杉浦康平と写植の時代──光学技術と日本語のデザイン』慶應義塾大学出版会 2023 （単著）、『ハイブリッド・リーディング──新しい読書と文字学 』新曜社 2016 （編著）

読者に一言：何か疑問を持った時、検索して瞬時に答えだけ知って、満足して疑問自体を忘れてしまった経験はありませんか？ 卒論やレポートは、ゆっくり自分の頭で考える貴重なチャンスなのです。

髙橋　志行 Muneyuki Takahashi

（第8・32章）

立命館大学衣笠総合研究機構 客員研究員／アナログゲームミュージアム運営委員会理事

読者に一言：たくさん読んで、たくさん書いて、書いたものをたくさん読んでもらってください。なんなら自分でそういう会合をつくってください。それが後々、皆さんの知の足場となります。

木村　絵里子 Eriko Kimura

（第11・12章）

大妻女子大学 人間関係学部准教授

主著：『ガールズ・アーバン・スタディーズ』法律文化社 2023 （共編著）、『場所から問う若者文化』晃洋書房 2021 （共編著）

読者に一言：日常生活で感じるいろいろな疑問は、自分でとことん考えることが大事だけれど、ぜひ「社会学の考え方」も参考にしてみてください。思考の幅が一気に広がりますよ！

ケイン　樹里安 Julian Keane

（第 16・20・28 章／卒論サムネイル 10）

元昭和女子大学　人間社会学部　特命講師

主著：『ふれる社会学』北樹出版 2019（共編著）、『ゆさぶるカルチュラル・スタディーズ』北樹出版 2023（共著）

読者に一言：社会学の魅力は、それらとじっくり向きあい、実際に「ふれる」なかで探究することにあるのかもしれません。

打越　正行 Masayuki Uchikoshi

（第 30・31 章）

和光大学　現代人間学部　講師、特定非営利活動法人　社会理論・動態研究所　研究員

主著：『ヤンキーと地元』筑摩書房 2019、『地元を生きる』ナカニシヤ出版 2020（共著）

読者に一言：「解るということはそれによって自分が変わるということでしょう（上原専禄）」。私がいろんな人に話を聞くのは、この「解る」経験をするためです。ぜひ読者の皆さんも！

鈴木　恵美 Emi Suzuki

（第 33 章）

恵美法律事務所　代表、弁護士。愛知淑徳大学・名古屋工業大学　非常勤講師。著作権マンガ（コミケ 97）、著作権ゲーム創作

読者に一言：読後は、あの有名な兎キャラの事件をチェック！　法律は、手段・道具。もし、様々なルールの形式も、言葉も、内容も、しっくりこない、機能しづらい、と感じるとしたら、そのこと自体も創作のチャンスかもしれません。

いろいろあるコミュニケーションの社会学 Ver.3

2018 年 4 月25日	初版第 1 刷発行
2018 年 5 月10日	初版第 2 刷発行
2019 年 3 月25日	初版第 3 刷発行
2020 年 4 月20日	2.0版第 1 刷発行
2021 年10月15日	2.0版第 3 刷発行
2024 年 5 月25日	3 版第 1 刷発行

編著者　　有田　　亘
　　　　　松井　広志

コンセプトイラストレーション・装幀　　阿部　卓也

発行者　　木村　慎也

定価はカバーに表示　　印刷　新灯印刷／製本　和光堂

発行所　株式会社　北樹出版

〒153-0061　東京都目黒区中目黒1-2-6
URL：http://www.hokuju.jp
電話 (03)3715-1525(代表)　FAX (03)5720-1488

ISBN 978-4-7793-0749-2
（落丁・乱丁の場合はお取り替えします）